CATALOGUE
DE
MICHEL LÉVY
FRÈRES
LIBRAIRES ÉDITEURS
ET DE
LA LIBRAIRIE NOUVELLE

PREMIÈRE PARTIE[1]

Nouveaux ouvrages en vente. — Ouvrages divers, format in-8°.
Bibliothèque contemporaine, format gr. in-18. — Bibliothèque nouvelle.
Œuvres complètes de Balzac. — Collection Michel Lévy, form. gr. in-18.
Collection format in-32. — Collection à 50 centimes.
Musée littéraire contemporain, in-4°. — Brochures diverses.
Ouvrages divers illustrés.

Tous les ouvrages portés sur ce Catalogue sont expédiés *franco* (contre mandats ou timbres-poste), sans augmentation de prix, excepté les volumes à 1 fr. de la Collection Michel Lévy, auxquels il faut ajouter 25 cent. par volume.

RUE VIVIENNE, 2 BIS
ET BOULEVARD DES ITALIENS, 15
AU COIN DE LA RUE DE GRAMMONT
PARIS
—
OCTOBRE — 1869

---

[1] Les 2e et 3e parties seront envoyées *franco* à toute personne qui en fera la demande par lettre affranchie.

NOUVEAUX OUVRAGES EN VENTE

Format in-8

LE DUC D'AUMALE f. c.
HISTOIRE DES PRINCES DE CONDÉ PEN-
DANT LES XVIe ET XVIIe SIÈCLES, avec
carte et portraits, gravés sous la direction d'Henriquel Dupont. 3 v. 45 »

M. GUIZOT
MÉLANGES POLITIQUES ET HISTORIQUES,
1 vol. 7 50
MÉDITATIONS SUR LA RELIGION CHRÉ-
TIENNE DANS SES RAPPORTS AVEC
L'ÉTAT ACTUEL DES SOCIÉTÉS ET
DES ESPRITS. 1 vol. . . . . . 6 »
MÉLANGES BIOGRAPHIQUES ET LITTÉ-
RAIRES. 2e édition. 1 vol. . . 7 50
MÉMOIRES POUR SERVIR A L'HISTOIRE
DE MON TEMPS. T. VIII et dern. 1 v. 7 50

ERNEST RENAN
SAINT PAUL, avec une carte. 1 vol. . 7 50
LES APOTRES. 1 vol. 7 50
QUESTIONS CONTEMPORAINES. 2e édit.
1 vol. 7 50

LE COMTE D'HAUSSONVILLE
L'ÉGLISE ROMAINE ET LE PREMIER
EMPIRE — 1800-1814 — avec notes,
et pièces justificatives entièrement
inédites. 2e édition. 4 v. . . 30 »

VICTOR JACQUEMONT
CORRESPONDANCE INÉDITE avec sa
famille, ses amis, 1824-1832, précédée d'une notice par V. Jacquemont neveu, et d'une introduction
de Prosper Mérimée. 2 vol. . . 13 »

E. BEULÉ, de l'Institut
LE SANG DE GERMANICUS. 2e édit. 1 v. 6 »

F. PONSARD
OEUVRES COMPLÈTES. 3 vol. . . . 15 »

J.-J. AMPÈRE
MÉLANGES D'HISTOIRE LITTÉRAIRE ET
DE LITTÉRATURE. 2 vol. . . . 13 »
VOYAGE EN ÉGYPTE ET EN NUBIE. 1 v. 7 50

Mme DU DEFFAND
CORRESPONDANCE COMPLÈTE AVEC LA
DUCHESSE DE CHOISEUL, L'ABBÉ BAR-
THÉLEMY ET M. CRAUFURT. 2e édit.,
entièrement revue et considéra-
blement augmentée. 3 vol. . . 22 50

PAUL DE SAINT-VICTOR
HOMMES ET DIEUX. 3e édit. 1 vol. . 7 50

ALEXIS DE TOCQUEVILLE
DE LA DÉMOCRATIE EN AMÉRIQUE.
15e édition. 3 vol. . . . . . . 18 »

L. DE VIEL-CASTEL
HISTOIRE DE LA RESTAURATION.
tome XII. 1 vol. . . . . 6 »

DUVERGIER DE HAURANNE
HISTOIRE DU GOUVERNEMENT PARLE-
MENTAIRE EN FRANCE (1814-1848).
Tome IX. 1 vol. 7 50

Format gr. in-18 à 3 fr. le vol.

ALEX. DUMAS FILS vol.
THÉATRE COMPLET avec préfaces inédites. 2e édition. 3

GEORGE SAND
Mlle MERQUEM. 3e édition. 1
CADIO. 2e édition. 1

OCTAVE FEUILLET
de l'Académie française
M. DE CAMORS. 11e édition. . . . 1

ALPHONSE KARR
LA MAISON CLOSE. 1

JULES JANIN
L'INTERNÉ. 2e édition. 1

HENRI RIVIÈRE
LA GRANDE MARQUISE. 1

LE BARON DE BAZANCOURT
LE CHEVALIER DE CHABRIAC. . . . 1

MARIO UCHARD
JEAN DE CHAZOL. 2e édition. . . . 1

MARIE ALEXANDRE DUMAS
LE MARI DE MADAME BENOIT. . . . 1

JULES CLARETIE
MADELEINE BERTIN. 2e édition. . . 1

CLAUDE VIGNON
UN NAUFRAGE PARISIEN. 2e édition. 1

CHARLES BAUDELAIRE
PETITS POËMES EN PROSE. — LES PA-
RADIS ARTIFICIELS. 1
HISTOIRES EXTRAORDINAIRES D'EDGAR
POE (traduct.). 1

LA COMTESSE DASH
LA VIE CHASTE ET LA VIE IMPURE. . 1
LA CHAMBRE ROUGE. 1
LA NUIT DE NOCES. 1

CUVILLIER-FLEURY
de l'Académie française
ÉTUDES ET PORTRAITS. 2e série. . . 1

ERNEST FEYDEAU
LES AVENTURES DU BARON DE FÉRESTE.
— COMMENT SE FORMENT LES JEUNES
GENS. 3e édition. 1

LE COMTE AGÉNOR DE GASPARIN
L'ÉGALITÉ. 2e édition. 1

PRÉVOST-PARADOL, de l'Acad. française
LA FRANCE NOUVELLE. 10e édition. . 1

A. DE PONTMARTIN
NOUVEAUX SAMEDIS. Tome 6. . . . 1
L'AUTEUR DES HORIZONS PROCHAINS
A TRAVERS LES ESPAGNES. 2e édition. 1

GÉRARD DE NERVAL
LE RÊVE ET LA VIE. 1

C.-A. SAINTE-BEUVE
de l'Académie française
NOUVEAUX LUNDIS. Tome 11. . . . 1
PORTRAITS CONTEMPORAINS. Nouvelle
édition très-augmentée. 2

HENRI HEINE
ALLEMANDS ET FRANÇAIS. 1

OUVRAGES DIVERS
Format in-8

J.-J. AMPÈRE
CÉSAR, Scènes historiques. 1 vol. . 7 50
L'EMPIRE ROMAIN A ROME. 2 vol. . 15 »
L'HISTOIRE ROMAINE A ROME, avec des plans topographiques de Rome à diverses époques. 2ᵉ édit. 4 vol. 30 »
MÉLANGES D'HISTOIRE LITTÉRAIRE ET DE LITTÉRATURE. 2 vol. . . . 12 »
PROMENADE EN AMÉRIQUE. — États-Unis, Cuba, Mexique. 3ᵉ édit. 2 v. 12 »
VOYAGE EN ÉGYPTE ET NUBIE. 1 vol. 7 50

***
MAD. LA DUCH. D'ORLÉANS. 6ᵉ éd. 1 v. 6 »

LE DUC D'AUMALE
ALESIA. Étude sur la septième campagne de César en Gaule. Avec 2 cartes (Alise et Alaise). 1 vol. . 6 »
HISTOIRE DES PRINCES DE CONDÉ PENDANT LES XVIᵉ ET XVIIᵉ SIÈCLES, avec cartes et portraits gravés sous la direction M. Henriquel-Dupont. 2 vol. . . . . 15 »
LES INSTITUTIONS MILITAIRES DE LA FRANCE. 1 vol. . . . . 6 »

***
L'ANGLETERRE, études sur le Self-Government. 1 vol. . . . . 5 »

J. AUTRAN de l'Acad. française.
LE CYCLOPE, d'après Euripide. 1 vol. 3 »
PAROLES DE SALOMON. 1 vol. . . . 6 »
LE POÈME DES BEAUX JOURS. 1 vol. . 5 »

L. BABAUD-LARIBIÈRE
ÉTUDES HIST. ET ADMINISTR. 2 vol. 12 »

H. DE BALZAC
ŒUVRES COMPLÈTES, ÉDITION EN 25 VOLUMES.
SCÈNES DE LA VIE PRIVÉE. 4 vol. . 25 »
SCÈNES DE LA VIE DE PROVINCE. 3 vol. 18 »
SCÈNES DE LA VIE PARISIENNE, t. 1 et 2. 12 »

J. BARTHÉLEMY SAINT-HILAIRE
LETTRES SUR L'ÉGYPTE. 1 vol. . . . 7 50

L. BAUDENS
Memb. du conseil de santé des armées
LA GUERRE DE CRIMÉE — Les campements, les abris, les ambulances, les hôpitaux, etc. 1 vol. . . . . . 6 »

IS. BÉDARRIDE
LES JUIFS EN FRANCE, EN ITALIE ET EN ESPAGNE. 3ᵉ édition. 1 vol. 7 50

LA PRINCESSE DE BELGIOJOSO
ASIE-MINEURE ET SYRIE. Souvenirs de voyage. 1 vol. 7 50
HIST. DE LA MAISON DE SAVOIE. 1 v. 7 50

E. BENAMOZEGH
MORALE JUIVE ET MOR. CHRÉTIENNE. 1 v. 7 50

E. BEULÉ, de l'Institut
AUGUSTE, SA FAMILLE ET SES AMIS. 3ᵉ édition. 1 vol. . . . . 6 »
LE SANG DE GERMANICUS. 2ᵉ édit. 1 v. 6 »
TIBÈRE ET L'HÉRITAGE D'AUGUSTE. 2ᵉ édition. 1 vol. . . . . 6 »

J.-B. BIOT de l'Acad. des Sc. et de l'Ac. fr.
ÉTUDES SUR L'ASTRONOMIE INDIENNE ET SUR L'ASTRONOMIE CHINOISE. 1 v. 7 50
MÉLANGES SCIENTIFIQUES ET LITTÉRAIRES. 3 vol. 22 50

CORNELIUS DE BOOM
DES SOLUT. POLIT. ET SOCIALE. 1 vol. 6 »

FRANÇOIS DE BOURGOING
HISTOIRE DIPLOMATIQUE DE L'EUROPE PENDANT LA RÉVOL. FRANÇAISE. 2 v. 15 »

M.-L. BOUTTEVILLE
LA MORALE DE L'ÉGLISE ET LA MORALE NATURELLE. 1 vol. . . . 7 50

LE PRINCE A. DE BROGLIE
QUESTIONS DE RELIGION ET D'HISTOIRE. 2 vol. . . . . 15 »

A. CALMON
HISTOIRE PARLEMENTAIRE DES FINANCES DE LA RESTAURATION. 1 vol. . 7 50

CAMOIN DE VENCE
MAGISTRATURE FRANÇAISE, son action et son influence sur l'état de la société aux diverses époques. 1 vol. 6 »

AUGUSTE CARLIER
DE L'ESCLAVAGE dans ses rapports avec l'Union américaine. 1 vol. . 6 »
HISTOIRE DU PEUPLE AMÉRICAIN. — États-Unis — et de ses rapports avec les Indiens. vol. . . . . 12 »

J. COHEN
LES DÉICIDES. Examen de la Vie de Jésus et des développements de l'Église chrétienne dans leurs rapports avec le judaïsme. 2ᵉ édit. revue, corrigée. 1 vol. . . . . 6 »

OSCAR COMETTANT
LA MUSIQUE, LES MUSICIENS ET LES INSTRUMENTS DE MUSIQUE chez les différents peuples du monde. 1 vol. orné de 150 dessins . . . . . 20 »

J.-J. COULMANN
RÉMINISCENCES. 3 vol. . . . . . 10 »

VICTOR COUSIN de l'Acad. française
PHILOSOPHIE DE KANT. 1 vol. . . . 5 »
PHILOSOPHIE ÉCOSSAISE. 1 vol. . . 5 »

A. BEN-BARUCH CRÉHANGE
LES PSAUMES, traduct. nouv. 1 vol. 10 »

J. CRÉTINEAU-JOLY
LE PAPE CLÉMENT XIV, lettre au Père Theiner. 1 vol. . . . . 3 »

LE PRINCE L. CZARTORYSKI
ALEXANDRE Iᵉʳ ET LE PRINCE CZARTORYSKI. Correspondance particulière et conversations, publiées avec une Introduction. 1 vol. . 7 50

LE GÉNÉRAL E. DAUMAS
LES CHEVAUX DU SAHARA ET LES MŒURS DU DÉSERT. 1 vol. 7 50
LA VIE ARABE ET LA SOCIÉTÉ MUSULMANE. 1 vol. 7 50

CAMILLE DOUCET
COMÉDIES EN VERS. 2 vol. . . . . 12 »

MAXIME DU CAMP
LES CONVICTIONS. 1 vol. . . . . 5 »

A. DU CASSE
DU SOIR AU MATIN. Scènes de la vie militaire. 1 vol. . . . 5 »

Mme DU DEFFAND
CORRESPONDANCE COMPLÈTE AVEC LA DUCHESSE DE CHOISEUL, L'ABBÉ BARTHÉLEMY ET M. CRAUFURT. Nouvelle édit., revue et augm. avec introd. par M. de Saint-Aulaire. 3 v. 22 50

ALEXANDRE DUMAS FILS
AFFAIRE CLEMENCEAU. — Mémoire de l'accusé. — 3e édition. 1 vol. . . 6 »

MARIE ALEXANDRE DUMAS
AU LIT DE MORT. 1 vol. . . . . . 6 »

DUMONT DE BOSTAQUET
MÉMOIRES INÉDITS, publiés par CH. Read et Fr. Waddington. 1 v. 7 50

DUVERGIER DE HAURANNE
HISTOIRE DU GOUVERNEMENT PARLEMENTAIRE EN FRANCE. 9 vol. . . 67 50

LE BARON ERNOUF
HIST. DE LA DEUXIÈME CAPITULATION DE PARIS. Événem. de 1815. 1 vol. 6 »

LE PRINCE EUGÈNE
MÉMOIRES ET CORRESPONDANCE POLITIQUE ET MILITAIRE, publiés par A. Du Casse. 10 vol. . . . 60 »

J. FERRARI
HISTOIRE DE LA RAISON D'ÉTAT. 1 v. 7 50

GUSTAVE FLAUBERT
L'ÉDUCATION SENTIMENTALE. — HISTOIRE D'UN JEUNE HOMME. 2 vol. . . 12 »
SALAMMBÔ. 1 vol. vélin. . . . . 12 »

LE COMTE DE FORBIN
CHARLES BARIMORE. N. édition. 1 vol. 3 »

AD. FRANCK de l'Institut
ÉTUDES ORIENTALES. 1 vol. . . . 7 50
RÉFORMATEURS ET PUBLICISTES DE L'EUROPE. Moyen âge et Renaiss. 1 vol. 7 50

C. FRÉGIER
LES JUIFS ALGÉRIENS, leur passé, leur présent, leur avenir, etc. 1 vol. . 8 »

LE COMTE DE GABRIAC
PROMENADE A TRAVERS L'AMÉRIQUE DU SUD. 1 vol. . . . . 8 »

H. GACHARD
DON CARLOS ET PHILIPPE II. 2e édit. 1 vol. 7 50

G. GANESCO
DIPLOMATIE ET NATIONALITÉ. 1 vol. . 2 »

Cte AGÉNOR DE GASPARIN
L'AMÉRIQUE DEVANT L'EUROPE. 1 vol. 6 »
UN GRAND PEUPLE QUI SE RELÈVE, LES ÉTATS-UNIS EN 1861. 1 vol. 5 »

P.-A.-F. GÉRARD
HIST. DES FRANCS D'AUSTRASIE. 2 vol. 12 »

G.-G. GERVINUS
Trad. J.-F. Minssen et L. Syouk
INSURRECTION ET RÉGÉNÉRATION DE LA GRÈCE. 2 vol. . . . . . . 18 »

ÉMILE DE GIRARDIN
LE CONDAMNÉ DU 6 MARS. 1 vol. . 6 »
LES DROITS DE LA PENSÉE. 1 vol. . 6 »
FORCE OU RICHESSE. 1 vol. . . . 6 »
PENSÉES ET MAXIMES. 1 vol. . . 6 »

ÉMILE DE GIRARDIN (Suite)
POUVOIR ET IMPUISSANCE. 1 vol. . 6 »
QUESTIONS DE MON TEMPS. 12 vol. 72 »
QUESTIONS PHILOSOPHIQUES. 1 vol. 6 »
LE SUCCÈS. 1 vol. . . . . 6 »

ÉDOUARD GOURDON
HISTOIRE DU CONGRÈS DE PARIS. 1 vol. 5 »

ERNEST GRANDIDIER
VOYAGE DANS L'AMÉRIQUE DU SUD. 1 v. 5 »

H. GRAETZ
SINAÏ ET GOLGOTHA, ou les origines du judaïsme et du christianisme. 1 vol. 7 50
LES JUIFS D'ESPAGNE. 1 vol. . . . 7 50

EDMOND DE GUERLE
MILTON, sa vie et ses œuvres. 1 vol. 7 50

F. GUIZOT
LA CHINE ET LE JAPON, par Laurence Oliphant. Trad. Guizot. 2 v. 12 »
L'ÉGLISE ET LA SOCIÉTÉ CHRÉTIENNES, 4e édition. 1 vol. . . . . . . 5 »
HISTOIRE DE LA FONDATION DE LA RÉPUBLIQUE DES PROVINCES-UNIES, par J. Lothrop Motley, trad. nouvelle, précédée d'une grande introduction (l'Espagne et les Pays-Bas aux XVIe et XIXe siècles). 4 vol. . 24 »
HISTOIRE PARLEMENTAIRE DE FRANCE, Recueil complet des discours de M. Guizot dans les Chambres, de 1819 à 1848, accompagnés de résumés historiques et précédés d'une introduction ; formant le complément des Mémoires pour servir à l'Histoire de mon temps. 5 vol. 37 50
LA JEUNESSE DU PRINCE ALBERT, traduction publiée sous la direction de M. Guizot. 1 vol. . . . . . . 6 »
MÉDITATIONS SUR L'ESSENCE DE LA RELIGION CHRÉTIENNE. 2e éd. 1 vol. 6 »
MÉDITATIONS SUR L'ÉTAT ACTUEL DE LA RELIGION CHRÉTIENNE. 1 vol. . 6 »
MÉDITATIONS SUR LA RELIGION CHRÉTIENNE dans ses rapports avec l'état actuel des sociétés et des esprits. 1 v. 6 »
MÉLANGES BIOGRAPHIQUES ET LITTÉRAIRES. 2e édition. 1 vol. . . . 7 50
MÉLANGES POLITIQUES ET HISTORIQUES. 1 vol. 7 50
MÉMOIRES pour servir à l'histoire de mon temps. 2e édition (ouvrage complet). 8 vol. . . . . . . 60 »
LE PRINCE ALBERT, son caractère et ses discours, traduit par ***, et précédé d'une préface. 2e éd. 1 vol. 6 »
WILLIAM PITT ET SON TEMPS, par lord Stanhope, traduction précédée d'une introduction. 4 vol. . . . 24 »

LE COMTE D'HAUSSONVILLE
L'ÉGLISE ROMAINE ET LE PREMIER EMPIRE. 2e édit. 5 vol. 37 50

HERMINJARD
CORRESPONDANCE DES RÉFORMATEURS dans les pays de langue française. 2 vol. . . . . 20 »

ROBERT HOUDIN
TRICHERIES DES GRECS DÉVOILÉES. 1 v. 5 »
LES SECRETS DE LA PRESTIDIGITATION ET DE LA MAGIE. 1 vol. . . . . 6 »

OUVRAGES DIVERS. — FORMAT IN-8.

ARSÈNE HOUSSAYE f. c.
MADEMOISELLE CLÉOPATRE. 7e éd. 1 v. 6 »

VICTOR JACQUEMONT
CORRESPONDANCE INÉDITE avec sa famille, ses amis, 1824-1832, précédée d'une notice par V. Jacquemont neveu, et d'une introduction de Pr. Mérimée. 2 vol. . . . . 12 »

JULES JANIN
LES GAITÉS CHAMPÊTRES. 2 vol. . . 12 »
LA RELIGIEUSE DE TOULOUSE. 2 vol. 12 »

ALPHONSE JOBEZ
LA FEMME ET L'ENFANT. 1 vol. . . . 5 »

LE PRINCE DE JOINVILLE
ÉTUDES SUR LA MARINE :
L'escadre de la Méditerranée. —
La Question chinoise. — La Marine
à vapeur dans les guerres continentales. 1 vol. 7 50

A. KUENEN — Trad. A. Pierson
HISTOIRE CRITIQUE DES LIVRES DE L'ANCIEN TESTAMENT, avec une préface par Ernest Renan. 1 vol. . 7 50

LAMARTINE
ANTONIELLA. 1 vol. . . . . 6 »
GENEVIÈVE. Hist. d'une Servante. 1 vol. 5 »
NOUVELLES CONFIDENCES. 1 vol. . . 5 »
TOUSSAINT LOUVERTURE. 1 vol. . . 5 »
VIE DE CÉSAR. 1 vol. . . . . 5 »

CHARLES LAMBERT
L'IMMORTALITÉ SELON LE CHRIST. 1 v. 7 50
LE SYSTÈME DU MONDE MORAL. 1 vol. 7 50

JULES DE LASTEYRIE
HISTOIRE DE LA LIBERTÉ POLITIQUE EN FRANCE. 1re Partie. 1 vol. . 7 50

DE LATENA
ÉTUDE DE L'HOMME. 3e édit. 1 vol. 7 50

LATOUR SAINT-YBARS
VIE DE NÉRON. 1 vol. 7 50

LÉONCE DE LAVERGNE
LES ASSEMBLÉES PROVINCIALES SOUS LOUIS XVI. 1 vol. 7 50

JULES LE BERQUIER
LA COMMUNE DE PARIS. 1 vol. . . 3 »

VICTOR LE CLERC ET **ERNEST RENAN**
HISTOIRE LITTÉRAIRE DE LA FRANCE AU XIVe SIÈCLE. 2 vol. . . . . 16 »

CHARLES LENORMANT
BEAUX-ARTS ET VOYAGES, précédés d'une lettre de M. Guizot. 2 vol. 15 »

L. DE LOMÉNIE.
BEAUMARCHAIS ET SON TEMPS. Études sur la Société en France au XVIIIe siècle. 2e édition. 2 vol. . . . . 15 »

LORD MACAULAY Traduct. G. Guizot
ESSAIS HIST. ET BIOGRAPHIQUES. 2 v. 12 »
—LITTÉRAIRES. 1 vol. . . . . . 6 »
—POLIT. ET PHILOSOPHIQUES. 1 vol. 6 »
—SUR L'HIST. D'ANGLETERRE. 1 vol. 6 »

JOSEPH DE MAISTRE
CORRESPONDANCE DIPLOMATIQUE (1811-1817), publiée par A. Blanc. 2 vol. 15 »
MÉMOIRES POLITIQUES ET CORRESPONDANCE DIPLOMATIQUE, avec explications, etc., par Albert Blanc. 1 v. 6 »

LE COMTE DE MARCELLUS f. c.
CHATEAUBRIAND ET SON TEMPS. 1 vol. 7 50
LES GRECS ANCIENS ET LES GRECS MODERNES. Études littér. 1 vol. . 7 50
SOUVENIRS DIPLOMATIQUES. Correspondance intime de M. de Chateaubriand. Nouv. édition. 1 vol. . 5 »
VINGT JOURS EN SICILE. 1 vol. . . 5 »

MARTIN PASCHOUD
LIBERTÉ, VÉRITÉ, CHARITÉ. 1/2 vol. 2 »

LE DOCTEUR FÉLIX MAYNARD
SOUVENIRS D'UN ZOUAVE. 2 vol. . 15 »

J.-H. MERLE D'AUBIGNÉ
HISTOIRE DE LA RÉFORMATION EN EUROPE AU TEMPS DE CALVIN. 5 vol. 37 50

MÉRY
NAPOLÉON EN ITALIE, Poëme. 1 vol. 5 »

LE COMTE MIOT DE MÉLITO
Ancien ambassadeur et ministre SES MÉMOIRES, publiés par sa famille (1788-1815). 3 vol. . . . . 18 »

Mme A. MOLINOS-LAFITTE
SOLITUDES. 2e édition. 1 vol. . . 5 »

LE COMTE DE MONTALIVET
LE ROI LOUIS-PHILIPPE (liste civile).
Nouv. édit., entièrement revue et consid. augm. de notes, pièces, etc., avec portrait et fac-similé du roi, le plan du château de Neuilly. 1 v. 6 »

MORTIMER-TERNAUX
HIST. DE LA TERREUR (1792-1794). 7 v. 42 »

J. LOTHROP MOTLEY
Traduction nouv. précédée d'une grande introd. par M. Guizot.
HISTOIRE DE LA FONDATION DE LA RÉPUBLIQUE DES PROVINCES-UNIES. 4 v. 24 »

LE BARON DE NERVO
LES BUDGETS DE LA FRANCE ET DE L'ANGLETERRE. 1 vol. 7 50
LE COMTE CORVETTO, SA VIE, SON TEMPS, SON MIN STÈRE. 1 vol. 7 50
LES FINANCES FRANÇAISES SOUS L'ANCIENNE MONARCHIE, LA RÉPUBLIQUE, LE CONSULAT ET L'EMPIRE. 2 vol. 15 »
LES FINANCES FRANÇAISES SOUS LA RESTAURATION. 4 vol. . . . . (3) »
LA MONARCH. ESPAGNOLE, SON ORIGINE, SA CONDITION, etc. 1/2 vol. . . . 2 »

ADOLPHE NEUBAUER
LA GÉOGRAPHIE DU TALMUD. 1 vol. 15 »

MICHEL NICOLAS
DES DOCTRINES RELIGIEUSES DES JUIFS pendant les deux siècles antérieurs à l'ère chrétienne. 2e édit. 1 vol. . 7 50
ESSAIS DE PHILOSOPHIE ET D'HISTOIRE RELIGIEUSE. 1 vol. 7 50
ÉTUDES CRITIQUES SUR LA BIBLE. Ancien Testament. 2e édit. 1 vol. 7 50
ÉTUDES CRITIQUES SUR LA BIBLE. Nouveau Testament. 1 vol. . . . 7 50
ÉTUDES SUR LES ÉVANGILES APOCRYPHES. 1 vol. 7 50
LE SYMBOLE DES APÔTRES. 1 vol. . 7 50

CHARLES NISARD
LES GLADIATEURS DE LA RÉPUBLIQUE DES LETTRES. 2 vol. . . . . . 15 »

LE MARQUIS DE NOAILLES f. c.
HENRI DE VALOIS ET LA POLOGNE EN
1572. 3 vol. 22 50

CASIMIR PERIER
LES FINANCES DE L'EMPIRE. 1/2 vol. 4 »
LES FINANCES ET LA POLITIQUE. 1 vol. 5 »
LE TRAITÉ AVEC L'ANGLETERRE. 1/2 v. 3 50

GEORGES PERROT
SOUVENIRS D'UN VOYAGE EN ASIE-
MINEURE. 2e édition. 1 vol. . . 7 50

A. PEYRAT
HISTOIRE ÉLÉMENTAIRE ET CRITIQUE
DE JÉSUS. 4e édition. 1 vol. . . . 7 50

A. PHILIPPE
ROYER-COLLARD. Sa vie publique, sa
vie privée, sa famille. 1 vol. . . 5 »

L'ABBÉ PIERRE
CONSTANTINOPLE, JÉRUSALEM ET ROME,
avec un plan de Jérusalem et une
carte des côtes orientales de la
Méditerranée. 2 vol. . . . . . 15 »

F. PONSARD de l'Académie française
ŒUVRES COMPLÈTES. 3 vol. . . . . 15 »

LE COMTE DE PONTÉCOULANT
SOUVENIRS HISTORIQUES ET PARLEMEN-
TAIRES, extraits de ses papiers et
de sa corresp. (1764-1848). 4 vol. 24 »

PRÉVOST-PARADOL
de l'Académie française
ÉLISABETH ET HENRI IV (1595-1598).
2e édition. 1 vol. . . . . . . 6 »
ESSAIS DE POLITIQUE ET DE LITTÉ-
RATURE. 4 vol. . . . . 30 »
LA FRANCE NOUVELLE. 1 v. 3e édit. . 7 50

EDGAR QUINET
HISTOIRE DE LA CAMPAGNE DE 1815.
2e édit. 1 vol. avec une carte. . 7 50
MERLIN L'ENCHANTEUR. 2 vol. . . 15 »

JOSEPH DE RAINNEVILLE
LA FEMME DANS L'ANTIQUITÉ ET D'A-
PRÈS LA MORALE NATURELLE. 1 vol. 7 50

Mme RÉCAMIER
SOUVENIRS ET CORRESPONDANCE tirés
de ses papiers. 3e édition. 2 vol. 15 »
COPPET ET WEIMAR — MADAME DE
STAEL ET LA GRANDE-DUCHESSE
LOUISE. Récits et Correspondan-
ces, par l'auteur des Souvenirs de
Madame Récamier. 1 vol. . . 7 50

CH. DE RÉMUSAT
de l'Académie française
POLITIQUE LIBÉRALE, ou Fragments
pour servir à la défense de la révolution française. 1 vol. 7 50

ERNEST RENAN
LES APÔTRES. 1 vol. 7 50
AVERROÈS ET L'AVERROÏSME, essai his-
torique. 3e édition. 1 vol. . . . 7 50
LE CANTIQUE DES CANTIQUES, traduit
de l'hébreu, avec une étude sur le
plan, l'âge et le caractère du poëme.
3e édition. 1 vol. . . . . . . 6 »
LA CHAIRE D'HÉBREU AU COLLÈGE DE
FRANCE. 3e édition Brochure. . . 1 »
DE L'ORIGINE DU LANGAGE. 4e édition.
1 vol. . . . . 6 »
ESSAIS DE MORALE ET DE CRITIQUE.
3e édition. 1 vol. 7 50
ÉTUDES D'HISTOIRE RELIGIEUSE.
6e édition. 1 vol. 7 50
HISTOIRE GÉNÉRALE DES LANGUES SÉ-
MITIQUES. 4e édition revue et
augmentée. 1 vol. . . . . . . 12 »
HISTOIRE LITTÉRAIRE DE LA FRANCE
AU XIVe SIÈCLE. 2 vol. . . . . 16 »
LE LIVRE DE JOB, traduit de l'hébreu,
avec une étude sur l'âge et le ca-
ractère du poëme. 3e édition. 1 vol. 7 50
QUESTIONS CONTEMPORAINES. 2e éd. 1 v. 7 50
SAINT PAUL. 1 vol. avec carte . . . 7 50
VIE DE JÉSUS. 13e édition. 1 vol. . . 7 50

D. JOSÉ GÜELL Y RENTÉ
CONSIDÉRATIONS POLIT. ET LITT. 1 vol. 5 »
PENSÉES CHRÉTIENNES, POLITIQUES
ET PHILOSOPHIQUES. 1 vol. . . . 5 »

LOUIS REYBAUD de l'Institut
ÉCONOMISTES MODERNES. 1 vol. . . 7 50
ÉTUDES SUR LE RÉGIME DES MANU-
FACTURES. — La soie. 1 vol. . . 7 50
LE COTON. Son régime, ses problè-
mes, son influence en Europe. 1 vol. 7 50
LA LAINE. 3e série des Études sur le
régime des manufactures. 1 vol. 7 50

LE COMTE R. B.
LA JUSTICE ET LA MONARCHIE POPU-
LAIRE. 1re partie : La Guerre
d'Orient. 1 vol. . . . . 3 »

H. RODRIGUES
LA JUSTICE DE DIEU. 1 vol. . . . . 5 »
LES ORIGINES DU SERMON DE LA MON-
TAGNE. 1 vol. . . . . 3 »
LES TROIS VILLES DE LA BIBLE.
1 vol. . . . . 6 »

J.-J. ROUSSEAU f. c.
ŒUVRES ET CORRESPONDANCE INÉ-
DITES, publiées par M. Streckei-
sen-Moultou. 1 vol. 7 50
J.-J. ROUSSEAU, SES AMIS ET SES EN-
NEMIS. Corresp. publ. par M. Strec-
keisen-Moultou, avec introd. de
M. J. Levallois et une appréciat.
crit. de M. Sainte-Beuve. 2 vol. 15 »

LE MARÉCHAL DE SAINT-ARNAUD f. c.
LETTRES avec pièces justificatives,
3ᵉ édit.; une notice de *M. Sainte-Beuve*. 2 vol. rélin, ornés du
portrait et d'un autographe. . . . 16 »

SAINTE-BEUVE de l'Acad. française
POÉSIES COMPLÈTES — JOSEPH DELORME — LES CONSOLATIONS — PENSÉES D'AOÛT. *N. édition.* 2 vol. 10 »
VIE, POÉSIES ET PENSÉES DE JOSEPH DELORME. *Nouv. édition très augmentée.* 1 vol. . . . . 5 »

SAINT-MARC GIRARDIN de l'Acad. fr.
SOUVENIRS ET RÉFLEXIONS POLITIQUES D'UN JOURNALISTE. 1 vol. . . 7 50
LA FONTAINE ET LES FABULISTES. 2 vol. 15

SAINT-RENÉ TAILLANDIER
ÉTUDES SUR LA RÉVOLUTION EN ALLEMAGNE. 2 vol. . . . . 15 »
MAURICE DE SAXE. Étude historique d'après des documents inédits. 1 vol. 7 50

PAUL DE SAINT-VICTOR
HOMMES ET DIEUX. 3ᵉ édition 1 vol. 7 50

J. SALVADOR
HISTOIRE DE LA DOMINATION ROMAINE EN JUDÉE ET DE LA RUINE DE JÉRUSALEM. 2 volumes . . . . . 15 »
HISTOIRE DES INSTITUTIONS DE MOÏSE ET DU PEUPLE HÉBREU. 3ᵉ édition, revue et augmentée. 2 vol. . . 15 »
JÉSUS-CHRIST ET SA DOCTRINE. Histoire de la naissance de l'Église et de ses progrès pendant le premier siècle. *Nouv. édit. augment.* 2 v. 15
PARIS, ROME, JÉRUSALEM. Question religieuse au XIXᵉ siècle. 2 vol. . . 15

MAURICE SAND
RAOUL DE LA CHASTRE. 1 vol. . . . 6 »

SANTIAGO ARCOS
LA PLATA. Étude historique. 1 vol. 10 »

EDMOND SCHERER
MÉLANGES D'HISTOIRE RELIGIEUSE. 1 v. 7 50

DE SÉNANCOUR
RÊVERIES. 3ᵉ édition. 1 vol. . . 5 »

JAMES SPENCE
L'UNION AMÉRICAINE. 1 vol. . . . . 6 »

LORD STANHOPE
Traduction précédée d'une introduction de *M. Guizot*.
WILLIAM PITT ET SON TEMPS. 4 vol. 25 »

A. DE TOCQUEVILLE
ŒUVRES COMPLÈTES (nouvelle édition)
L'ANCIEN RÉGIME ET LA RÉVOLUTION. 4ᵉ édition. 1 vol. . . . . . . 6 »
DE LA DÉMOCRATIE EN AMÉRIQUE. *Nouvelle édition.* 3 vol. . . . 18
ÉTUDES ÉCONOMIQUES, POLITIQUES ET LITTÉRAIRES. 1 vol. . . . . 6 »

A. DE TOCQUEVILLE (Suite) f. c.
MÉLANGES. Fragments historiques et Notes. 1 vol. . . . . 6 »
NOUVELLE CORRESPONDANCE, entièrement inédite. 1 vol. . . . . . 6 »
ŒUVRES POSTHUMES ET CORRESPONDANCE. Introd. de *M. G. de Beaumont* 2 v. 12

E. DE VALBEZEN
LES ANGLAIS ET L'INDE. 3ᵉ édit. 1 vol. 7 50

OSCAR DE VALLÉE
ANTOINE LEMAISTRE ET SES CONTEMPORAINS. 2ᵉ édition. 1 vol. . 7 50
LE DUC D'ORLÉANS ET LE CHANCELIER D'AGUESSEAU. 1 vol. . . . 7 50

LE DUC DE VALMY
LE PASSÉ ET L'AVENIR DE L'ARCHITECTURE. 1 vol. . . . . 5 »

PAUL VARIN
EXPÉDITION DE CHINE. 1 vol. . . . 5 »

LE DOCTEUR L. VÉRON
QUATRE ANS DE RÈGNE. OU EN SOMMES-NOUS? 1 vol. . . . . . 5 »

LOUIS DE VIEL-CASTEL
HISTOIRE DE LA RESTAURATION. 13 vol. 73

ALFRED DE VIGNY de l'Acad. franç.
ŒUVRES COMPLÈTES (nouvelle édition)
CINQ-MARS. Avec autographes de Richelieu et de Cinq-Mars. 1 vol. . 5 »
LES DESTINÉES. Poèmes philos. 1 vol. 6 »
POÉSIES COMPLÈTES. 1 vol. . . . 5 »
SERVITUDE ET GRANDEUR MILITAIRES. 1 vol. . . . . 5 »
STELLO. 1 vol. . . . . 5 »
THÉÂTRE COMPLET. 1 vol. . . . . 5 »

VILLEMAIN de l'Académie française
LA TRIBUNE MODERNE:
1ʳᵉ PARTIE. — M. DE CHATEAUBRIAND, sa vie, ses écrits, son influence litt. polit. sur son temps. 1 v. 7 50
2ᵉ PARTIE (Sous presse). 1 vol. 7 50

L. VITET de l'Académie française
L'ACADÉMIE ROYALE DE PEINTURE ET DE SCULPTURE. Étude hist. 1 vol. 6 »
LE LOUVRE. Étude historique, revue et augmentée (Sous pr.). 1 vol. 6 »

CORNÉLIS DE WITT
HISTOIRE CONSTITUTIONNELLE DE L'ANGLETERRE (1760-1860) par *Thomas Erskine May*, traduite et précédée d'une introduction. 2 vol. . . . 12

LE RÉV. CHRISTOPHER WORDSWORTH
DE L'ÉGLISE ET DE L'INSTRUCTION PUBLIQUE EN FRANCE. 1 vol. . . . 5 »

BIBLIOTHÈQUE CONTEMPORAINE
ET COLLECTION DE LA LIBRAIRIE NOUVELLE
Format grand in-18 à 3 francs le volume

EDMOND ABOUT vol.
LETTRES D'UN BON JEUNE HOMME A SA COUSINE. 2ᵉ édition 1
D'UN. LETTRES D'UN BON JEUNE HOMME. 1

ALARCON
THÉÂTRE, traduit par Alph. Royer . . 1

GUSTAVE D'ALAUX
L'EMPEREUR SOULOUQUE ET SON EMPIRE. 1

LE DUC D'AUMALE
LES ZOUAVES ET LES CHASSEURS A PIED. 1
***
SOUVEN. D'UN OFFICIER DU 2ᵉ DE ZOUAVES 2ᵉ édition augmentée 1
***
VARIA.—Morale.—Politique.—Littérature. 5
***
UN MARI EN VACANCES 1

UN ARTILLEUR
CAPOUE EN HIVER 1

ALFRED ASSOLLANT
D'HIER EN HEURE 1
GABRIELLE DE CHÉNEVERT 1

ALBERT AUBERT
LES ILLUSIONS DE JEUNESSE DE M. BORDIN. 1

XAVIER AUBRYET
LA FEMME DE VINGT-CINQ ANS 1
LES JUGEMENTS NOUVEAUX 1

L'AUTEUR DE JOHN HALIFAX
UNE EXCEPTION (a noble life) 1
LA MÉPRISE DE CHRISTINE 1

L'AUTEUR DE Mme LA DUCHESSE D'ORLÉANS
VIE DE JEANNE D'ARC. 2ᵉ édition . 1

L'AUTEUR DU VASTE MONDE
ÉDWARD POWLE 2

J. AUTRAN de l'Acad. française.
ÉPÎTRES RUSTIQUES 1
LES POÈMES DE LA MER. Nouv. édition. 1

AUGUSTE AVRIL
SALTIMBANQUES ET MARIONNETTES . . . 1
LE Cte CÉSAR BALBO Trad. J. Amigues
HISTOIRE D'ITALIE. 2ᵉ édition . . . 2

LOUIS BAMBERGER
M. DE BISMARCK 1

THÉODORE DE BANVILLE
LES PARISIENNES DE PARIS. Nouv. édit. 1

CH. BARBARA
HISTOIRES ÉMOUVANTES 1

J. BARBEY D'AUREVILLY
L'AMOUR IMPOSSIBLE 1
LE CHEVALIER DES TOUCHES 1
LES PROPHÈTES DU PASSÉ 1

ALEX. BARBIER
LETTRES FAMILIÈRES SUR LA LITTÉRATURE. 1

J. BARTHÉLEMY SAINT-HILAIRE
LETTRES SUR L'ÉGYPTE. 2ᵉ édition . 1

CH. BATAILLE — E. RASETTI vol.
ANTOINE QUÉRARD. Drames de Village. 2

CHARLES BAUDELAIRE
(ŒUVRES COMPLÈTES. — ÉDITION DÉFINITIVE.)
LES FLEURS DU MAL, poésies complètes. 1
CURIOSITÉS ESTHÉTIQUES 1
L'ART ROMANTIQUE 1
PETITS POÈMES EN PROSE — LES PARADIS ARTIFICIELS 1
HISTOIRES EXTRAORDINAIRES D'EDGAR POE. (Traduct.) 1
NOUVELLES HISTOIRES EXTRAORDINAIRES. 1

L. BAUDENS
LA GUERRE DE CRIMÉE. Les Campements, les Abris, les Ambulances, les Hôpitaux, etc. 2ᵉ édition . . 1

LE BARON DE BAZANCOURT
LE CHEVALIER DE CHABRIAC 1

GUSTAVE DE BEAUMONT
L'IRLANDE SOCIALE, POLIT. ET RELIGIEUSE 7ᵉ édition, revue et corrigée . . . 2

ROGER DE BEAUVOIR
COLOMBES ET COULEUVRES 1
DUELS ET DUELLISTES 1
LES MEILLEURS FRUITS DE MON PANIER. 1

LA PRINCESSE DE BELGIOJOSO
ASIE-MINEURE ET SYRIE. Nouv. édition 1

GEORGES BELL
LES REVANCHES DE L'AMOUR 1
VOYAGE EN CHINE 1

A. DE BELLOY Traducteur.
THÉÂTRE COMPLET DE TÉRENCE . . . 1

ADOLPHE BELOT
LE DRAME DE LA RUE DE LA PAIX . . 1

TH. DE BENTZON
LE ROMAN D'UN MUET. 1 vol. 1

HECTOR BERLIOZ
A TRAVERS CHANTS 1

CH. DE BERNARD
NOUVELLES ET MÉLANGES, avec portrait. 1
POÉSIES ET THÉÂTRE 1

EUGÈNE BERTHOUD
UN BAISER MORTEL. 2ᵉ édition . . . 1

CAROLINE BERTON
LE BONHEUR IMPOSSIBLE 1

LA COMTESSE DE BOIGNE
LA MARÉCHALE D'AUBEMER 1
UNE PASSION DANS LE GRAND MONDE. 2ᵉ éd. 2

BIBLIOTHÈQUE CONTEMPORAINE. — 3 FR. LE VOLUME

H. BLAZE DE BURY vol.
Les Amis de Goethe (Sous presse)..
Le Chevalier de Chasot........ 1
Écrivains modernes de l'Allemagne 1
Épisode de l'histoire de Hanovre.
 Les Kœnigsmark............ 1
Intermèdes et poèmes........... 1
Meyerbeer et son temps........ 1
Musiciens contemporains........ 1
Souvenirs et récits des campagnes
 d'Autriche................. 1

***
Les Bonshommes de cire........ 1
Hommes du jour. 3ᵉ *édition*..... 1
Les Salons de Vienne et de Berlin. 1

J.-B. BORÉDON
Gabriel et Fiametta............ 1

LOUIS BOUILHET
Poésies. Festons et Astragales.... 1

L'AMIRAL P. BOUVET
Précis de ses campagnes........ 1

FÉLIX BOVET
Voyage en Terre-Sainte. 4ᵉ *édition*. 1

CHARLES BRAINNE
Baigneuses et buveurs d'eau..... 1

A. DE BRÉHAT
Bras-d'acier................... 1
Le Roman de deux jeunes femmes 1
Le Testament de la comtesse.... 1

A. BRIZEUX
Œuvres complètes. Édit. définitive. 2

LE PRINCE A. DE BROGLIE
La Diplomatie et le droit nouveau. 1
Études morales et littéraires.... 1
Quest. de religion et d'hist. 2ᵉ *édit.* 2

PAUL CAILLARD
Les Chasses en France et en Angleterre. Histoires de sport..... 1

AUGUSTE CALLET
L'Enfer. 2ᵉ *édition*........... 1

A. CALMON
William Pitt. Étude parlementaire. 1

CLÉMENT CARAGUEL
Les Soirées de Taverny........ 1

JULES DE CARNÉ
Cœur et sens.................. 1
Pêcheurs et pêcheresses........ 1

ÉMILE CARREY
Les Métis de la savane......... 1
Récits de la Kabylie........... 1

MICHEL CERVANTES
Théâtre traduit par *Alph. Royer*. 1

CÉLESTE DE CHABRILLAN
Miss Pewel.................... 1
La Sapho...................... 1
Les Voleurs d'or.............. 1

CHAMPFLEURY
Aventures de Mademoiselle Mariette. 1
Les Amoureux de Sainte-Péraise.. 1
Contes vieux et nouveaux....... 1
Les Demoiselles Tourangeau..... 1
Les Excentriques. 2ᵉ *édition*... 1
La Mascarade de la vie parisienne 1
Les Premiers beaux jours....... 1
Souffrances du professeur Delteil. 1
L'Usurier Blaizot............. 1

EUGÈNE CHAPUS vol.
Les Maîtres de chasse. 2ᵉ *édition*. 1

PHILARÈTE CHASLES
Le Vieux médecin.............. 1

VICTOR CHERBULIEZ
Un Cheval de Phidias.......... 1
Le Prince Vitale.............. 1

EM. CHEVALIER
La Fille des Indiens rouges... 1

H. DE CLAIRET
Les Amours d'un garde champêtre. 1

JULES CLARETIE
Madeleine Bertin. 2ᵉ *édition*... 1

CHARLES CLÉMENT
Études sur les Beaux-Arts en France. 1

Mᵐᵉ LOUISE COLET
Lui. 5ᵉ *édition*............. 1

ATHANASE COQUEREL fils
Les Forçats pour la foi....... 1

EUGÈNE CORDIER
Le Livre d'Elrich............. 1

H. CORNE
Souvenirs d'un proscrit....... 1

CHARLES DE COURCY
Les Histoires du Café de Paris. 1

AIMÉ COURNET
L'Amour en Sicile............. 1

VICTOR COUSIN
Philosophie de Kant. 4ᵉ *édition*. 1
Philosophie écossaise. 4ᵉ *édition*. 1

LA MARQUISE DE CRÉQUY
Souvenirs — De 1710 à 1803 — Nouv.
 édition augmentée d'une correspondance inédite et authentique de la
 marquise de Créquy........... 5

CUVILLIER-FLEURY, de l'Acad. franç.
Études et portraits........... 2
Études historiques et littéraires. 2
Nouv. études hist. et littéraires. 1
Dern. études histor. et littéraires. 2
Historiens, poëtes et romanciers. 2
Portraits polit. et révolt. 2ᵉ *édit.* 2
Voyages et voyageurs. *Nouv. édition*

LA COMTESSE DASH
Bohème et noblesse............ 1
La Bohème du XVIIIᵉ siècle.... 1
La Chambre rouge, 2ᵉ *édition*. 1
Les Comédies des gens du monde. 1
Comment on fait son chemin dans le
 monde. Code du savoir-vivre. 2ᵉ *édit.* 1
Comment tombent les femmes. 2ᵉ *édit.* 1
La Dette de sang.............. 1
Le Drame de la rue du sentier. 1
Les Femmes à Paris et en province. 1
Les Héritiers d'un prince..... 1
Le Livre des femmes. *Nouv. édition*. 1
Mademoiselle Cinquante millions. 3ᵉ *éd.* 1
La Nuit de noces.............. 1
Le Roman d'une héritière...... 1
La Route du suicide........... 1
Le Souper des fantômes........ 1
Les Vacances d'une parisienne. 1
La Vie chaste et la vie impure. 1

ALPHONSE DAUDET
Le Roman du Chaperon rouge... 1

LIBRAIRIES DE MICHEL LÉVY FRÈRES.

ERNEST GAUDET vol.
LE CARDINAL CONSALVI 1
LES DUPERIES DE L'AMOUR 1

LE GÉNÉRAL DAUMAS
LES CHEVAUX DU SAHARA ET LES MŒURS DU DÉSERT. 4ᵉ *édition*, avec Commentaires d'Abd-el-Kader. 1

L. DAVESIÈS DE PONTÈS
ÉTUDES SUR L'ANGLETERRE 1
ÉTUDES SUR L'HISTOIRE DES GAULES . . 1
ÉTUDES SUR L'HISTOIRE DE PARIS . . . 1
ÉTUDES SUR L'ORIENT. 2ᵉ *édition* . . . 1
ÉTUDES SUR LA PEINTURE VÉNITIENNE . 1
NOTES SUR LA GRÈCE 1

DÉCEMBRE-ALONNIER
TYPOGRAPHES ET GENS DE LETTRES . . 1

E.-J. DELÉCLUZE
SOUVENIRS DE SOIXANTE ANNÉES . . . 1

EUGÈNE DELIGNY
L'HÉRITAGE D'UN BANQUIER 1
MÉMOIRES D'UN DISSIPATEUR 1

LA COMTESSE DELLA ROCCA
CORRESPONDANCE ENFANTINE. Modèles de lettres pour jeunes filles . . . 1
CORRESPONDANCE INÉDITE DE LA DUCH. DE BOURGOGNE ET DE LA REINE D'ESPAGNE; publiée avec Introduction . 1

PAUL DELTUF
CONTES ROMANESQUES 1
FIDÈS 1
RÉCITS DRAMATIQUES 1

MARIA DERAISMES
NOS PRINCIPES ET NOS MŒURS 1

LOUIS DÉPRET
LUCIE 1
LE MOT DE L'ÉNIGME 1

A. DESBAROLLES
VOYAGE D'UN ARTISTE EN SUISSE A 3 FR. 50 C. PAR JOUR. 3ᵉ *édition* . 1

ÉMILE DESCHANEL
CAUSERIES DE QUINZAINE 1
CHRISTOPHE COLOMB ET VASCO DE GAMA. 2ᵉ *édition* 1

DESSERTEAUX *traducteur*
ROLAND FURIEUX, de l'Arioste . . . 1

PAUL DHORMOYS
LA VERTU DE M. BOURGET 1

PASCAL DORÉ
LE ROMAN DE DEUX JEUNES FILLES . . 1

MAXIME DU CAMP
LES BUVEURS DE CENDRES 1
EN HOLLANDE. *Nouv. édition* . . . 1
EXPÉDITION DE SICILE. Souvenirs . . 1
LES FORCES PERDUES 1
MÉMOIRES D'UN SUICIDÉ 1

J.-A. DUCONDUT
ESSAI DE RHYTHMIQUE FRANÇAISE . . 1

E. DUFOUR
LES GRIMPEURS DES ALPES (Peaks, Passes and Glaciers). Trad. de l'anglais. 1

ALEXANDRE DUMAS
LES GARIBALDIENS 1
HISTOIRE DE MES BÊTES 1
SOUVENIRS DRAMATIQUES 2
THÉÂTRE COMPLET 14

MARIE ALEXANDRE DUMAS vol.
AU LIT DE MORT. 2ᵉ *édition* . . . 1
MADAME ÉTOILE. 3ᵉ *édition* . . . 1
LE MARI DE Mᵐᵉ BENOIT 1

ALEXANDRE DUMAS fils
AFF. CLÉMENCEAU. Mém. de l'acc. 11ᵉ éd. 1
CONTES ET NOUVELLES 1
THÉÂTRE COMPLET avec préfaces inédites. 2ᵉ *édition* 3

HENRI DUPIN
CINQ COUPS DE SONNETTE 1

CHARLES EDMOND
SOUVENIRS D'UN DÉPAYSÉ 1

Mᵐᵉ ELLIOTT
MÉMOIRES SUR LA RÉVOLUTION FRANÇAISE, avec étude de M. Ste-Beuve et un portrait gravé sur acier. 2ᵉ *édition* . 1

XAVIER EYMA
LES PEAUX NOIRES 1

ACHILLE EYRAUD
VOYAGE A VÉNUS 1

A.-L.-A. FÉE
L'ESPAGNE A 50 ANS D'INTERVALLE . . 1
SOUVENIRS DE LA GUERRE D'ESPAGNE . 1

FÉTIS
LA MUSIQUE DANS LE PASSÉ, DANS LE PRÉSENT ET DANS L'AVENIR (S. pr.) . 2

FEUILLET DE CONCHES
LÉOPOLD ROBERT, sa vie, ses œuvres et sa correspondance. *Nouv. édition* 1

OCT. FEUILLET *de l'Acad. française*
BELLAH. 7ᵉ *édition* 1
HISTOIRE DE SIBYLLE. 11ᵉ *édition* 1
M. DE CAMORS. 11ᵉ *édition* . . . 1
LA PETITE COMTESSE. Le Parc, Onesta. 1
LE ROMAN D'UN JEUNE HOMME PAUVRE. 1
SCÈNES ET COMÉDIES. *Nouv. édition* . 1
SCÈNES ET PROVERBES. *Nouv. édition* 1

PAUL FÉVAL
QUATRE FEMMES ET UN HOMME. 3ᵉ *édit.* 1
LE ROI DES GUEUX 2
LE TUEUR DE TIGRES 1

ERNEST FEYDEAU
ALGER. Étude. 2ᵉ *édition* 1
LES AVENTURES DU BARON DE FÉRESTE.— COMMENT SE FORMENT LES JEUNES GENS. 3ᵉ *édition* 1
LA COMTESSE DE CHALIS. 4ᵉ *édition* 1
UN DÉBUT A L'OPÉRA. 3ᵉ *édition* . 1
DU LUXE, DES FEMMES, DES MŒURS, DE LA LITTÉRATURE ET DE LA VERTU . . 1
LE MARI DE LA DANSEUSE. 3ᵉ *édition* 1
MONSIEUR DE SAINT-BERTRAND. 3ᵉ *édit.* 1
LE ROMAN D'UNE JEUNE MARIÉE. 6ᵉ *édit.* 1
LE SECRET DU BONHEUR. 2ᵉ *édition* 2

LOUIS FIGUIER
LES EAUX DE PARIS. 2ᵉ *édition* . . 1

P.-A. FIORENTINO
COMÉDIES ET COMÉDIENS 2

GUSTAVE FLAUBERT
MADAME BOVARY. *Nouv. édit. revue.* 1
SALAMMBÔ. 5ᵉ *édition* 1

EUGÈNE FORCADE
ÉTUDES HISTORIQUES 1
HIST. DES CAUSES DE LA GUERRE D'ORIENT. 1

BIBLIOTHÈQUE CONTEMPORAINE. — 3 FR. LE VOLUME.

	vol.
MARC FOURNIER	
Le monde et la comédie (Sous presse).	1
VICTOR FRANCONI	
Le Cavalier, Cours d'équitation pratique. 2ᵉ édition revue et augm.	1
L'Écuyer, Cours d'équitation pratique.	1
ARNOULD FRÉMY	
Les gens mal élevés.	1
Les maîtresses parisiennes.	2
Les mœurs de notre temps.	1
EUGÈNE FROMENTIN	
Une année dans le Sahel. 3ᵉ édition.	1
LÉOPOLD DE GAILLARD	
Questions italiennes.	1
N. GALLOIS	
Les armées françaises en Italie.	1
GALOPPE D'ONQUAIRE	
Le spectacle au coin du feu.	1
Le Cᵗᵉ AGÉNOR DE GASPARIN	
Le bonheur. 4ᵉ édition.	1
L'Égalité. 2ᵉ édition.	1
La famille, ses devoirs, ses joies et ses douleurs. 6ᵉ édition.	2
Un grand peuple qui se relève. Les États-Unis en 1861. 2ᵉ édition.	1
La liberté morale. 2ᵉ édition.	2
***	
Bande du Jura. — Premier voyage, 3ᵉ éd.	1
— Chez les Allemands — Chez nous.	1
— A Florence.	1
Au bord de la mer. 2ᵉ édition.	1
Camille. 2ᵉ édition.	1
A Constantinople. 2ᵉ édition.	1
A travers les Espagnes. 2ᵉ édition.	1
Les horizons célestes. 8ᵉ édition.	1
Les horizons prochains. 6ᵉ édition.	1
Journal d'un voyage au Levant. 2ᵉ édition.	1
Les processes de la bande du Jura, 2ᵉ éd.	1
Les tristesses humaines. 4ᵉ édition.	1
Vesper. 4ᵉ édition.	1
THÉOPHILE GAUTIER	
La belle Jenny. 2ᵉ édit.	1
Constantinople.	1
Les grotesques.	1
Loin de Paris.	1
La peau de tigre.	1
Quand on voyage.	1
JULES GÉRARD le Tueur de lions	
Voyages et chasses dans l'Himalaya.	1
GÉRARD DE NERVAL (œuvres complètes)	
Les deux Faust de Gœthe, suivis d'un choix de poésies allemandes (traduction).	1
Les Illuminés. — Les Faux saulniers.	1
Le rêve et la vie. — Les filles du feu. — La bohème galante.	1
Voyage en Orient. Nouvelle édition seule complète.	2
Mᵐᵉ ÉMILE DE GIRARDIN	
M. le marquis de Pontanges.	1
Nouvelles.	1
EDMOND ET JULES DE GONCOURT	
Sœur Philomène.	1

	vol.
ÉDOUARD GOURDON	
Naufrage au port.	1
LÉON GOZLAN	
Balzac chez lui. 3ᵉ édition.	1
Balzac en pantoufles. 3ᵉ édition.	1
Châteaux de France.	2
Le dragon rouge.	1
Émotions de Polydore Marasquin.	1
La famille Lambert.	1
Histoire d'un diamant. 2ᵉ édition.	1
Le médecin du Pecq.	1
Les nuits du Père Lachaise.	1
Le plus beau rêve d'un millionnaire.	1
CARLO GOZZI	
Théâtre fiabesque, trad. par A. Royer.	1
Mᵐᵉ MANOEL DE GRANDFORT	
Ryno. 3ᵉ édition.	1
GRANIER DE CASSAGNAC	
Danaé.	1
GREGOROVIUS Trad. de F. Sabatier	
Les tombeaux des papes romains, avec introduction de J.-J. Ampère.	1
F. DE GROISEILLIEZ	
Les cosaques de la Sousse.	2
Hist. de la chute de Louis-Philippe.	1
AD. GUÉROULT	
Études de politique et de philosophie religieuse.	1
AMÉDÉE GUILLEMIN	
Les mondes. Causeries astronomiques. 3ᵉ édition.	1
M. GUIZOT	
Trois générations — 1789-1814-1848. 3ᵉ édition.	1
Le Cᵗᵉ GUY DE CHARNACÉ	
Études d'économie rurale.	1
F. HALÉVY	
Souvenirs et portraits.	1
Derniers souvenirs et portraits.	1
IDA HAHN-HAHN Trad. Am. Pichot	
La comtesse Faustine.	1
B. HAURÉAU	
Singularités histor. et littéraires.	1
Le Cᵗᵉ D'HAUSSONVILLE	
Hist. de la polit. extérieure du gouvern. français (1830-1848). Nouv. éd.	4
Histoire de la réunion de la Lorraine à la France. 2ᵉ édition.	4
***	
Robert Emmet. 2ᵉ édition.	1
Souvenirs d'une demois. d'honneur de la duch. de Bourgogne. 2ᵉ édit.	1
HENRI HEINE (œuvres complètes)	
Allemands et Français.	1
Correspondance inédite, avec une introduction et des notes.	2
De l'Allemagne. Nouvelle édition.	2
De l'Angleterre.	1
De la France. Nouvelle édition.	1
De tout un peu.	1
Drames et fantaisies.	1
Lutèce. Nouv. édition.	1
Poëmes et légendes. Nouv. édition.	1
Reisebilder, tableaux de voyage. Nouv. édit. avec une étude sur Henri Heine, par Th. Gautier, avec portrait.	2
Satires et portraits.	1

CAMILLE HENRY
vol.
UNE ÉTOILE MADELEINE. 1
LE ROMAN D'UNE JEUNE LUTTE. 2e édit. 1
HOFFMANN, Trad. Champfleury
CONTES POSTHUMES.

LA REINE HORTENSE
LA REINE HORTENSE EN ITALIE, EN FRANCE
ET EN ANGLETERRE. 1

ROBERT HOUDIN
CONFIDENCES D'UN PRESTIDIGITATEUR. . 2

ARSÈNE HOUSSAYE
AVENTURES GALANTES DE MARGOT. . . 1
BLANCHE ET MARGUERITE. 1
LES FEMMES DU DIABLE. 1
LES FILLES D'ÈVE. 1
MADEMOISELLE MARIANI. 6e édition. . 1
LA PÉCHERESSE. Nouv. édition. . . 1

F. HUET
RÉVOLUTION RELIGIEUSE AU XIXe SIÈCLE. 1

CHARLES HUGO
LA BOHÈME DORÉE. 2
LE COCHON DE SAINT ANTOINE. . . . 1
UNE FAMILLE TRAGIQUE. 1

VICTOR HUGO
EN ZÉLANDE, 2e édition. 1

UN INCONNU
MONSIEUR X... ET MADAME ***. . . . 1
LA PLAGE D'ÉTRETAT. 1

WASHINGTON IRVING, Trad. Th. Lefebvre
AU BORD DE LA TAMISE. Contes, Récits
et Légendes. 2e édition

ALFRED JACOBS
L'OCÉANIE NOUVELLE. 1

VICTOR JACQUEMONT
CORRESPONDANCE AVEC SA FAMILLE ET
SES AMIS pendant son voyage dans
l'Inde (1828-1832). Nouv. édit. revue
et aug., la seule complète, avec
une étude par M. Cuvillier-Fleury. 2

PAUL JANET
LA FAMILLE. LEÇONS DE PHILOSOPHIE
MORALE. 6e édition. 1
PHILOSOPHIE DU BONHEUR. 3e édition. 1

JULES JANIN
BARNAVE. Nouvelle édition. . . . 1
UN CŒUR POUR DEUX AMOURS. . . . 1
LES CONTES DU CHALET. 2e édition. . 1
CONTES FANTAST. ET CONTES LITTÉR. . 1
HIST. DE LA LITTÉRATURE DRAMATIQUE. 6
L'INTERNÉ. 2e édition. 1

LE PRINCE DE JOINVILLE
GUERRE D'AMÉRIQUE. — CAMPAGNE DU
POTOMAC. 1

AUGUSTE JOLTROIS
LES COUPS DE PIED DE L'ANE. 2e édition. 1

LOUIS JOURDAN
LES FEMMES DEVANT L'ÉCHAFAUD. 2e éd. 1

ARMAND JUSSELAIN
UN DÉPORTÉ A CAYENNE 1
MIECISLAS KAMIENSKI tué à Magenta
SOUVENIRS 1

KARL-DES-MONTS
LES LÉGENDES DES PYRÉNÉES. 4e édit. 1

ALPHONSE KARR
AGATHE ET CÉCILE. 1
DE LOIN ET DE PRÈS. 2e édition. . . 1
LES DENTS DU DRAGON. 1
EN FUMANT. 3e édition. 1
LETTRES ÉCRITES DE MON JARDIN. . . 1

ALPHONSE KARR (suite)
vol.
LA MAISON CLOSE. 1
LE ROI DES ILES CANARIES. (Sous presse).
SOIRÉES DE SAINTE-ADRESSE. . . . 1
SUR LA PLAGE. 2e édition. 1

LA BRUYÈRE
LES CARACTÈRES. Nouvelle édition,
commentée par A. Destailleur. . . 2

G. DE LA LANDELLE
UNE MAISON A BORD. 1

LAMARTINE
ANTONIELLA. 2e édition. 1
GENEVIÈVE. Hist. d'une Servante. 2e éd. 1
GRAZIELLA. 1
NOUVEAU VOYAGE EN ORIENT. . . . 1
TOUSSAINT LOUVERTURE. 2e édition. 1

JULIETTE LAMBERT
DANS LES ALPES. 1
L'ÉDUCATION DE LAURE. 1
IDÉES ANTI-PROUDHONIENNES. . . . 1
LE MANDARIN. 1
MON VILLAGE. 1
RÉCITS D'UNE PAYSANNE. 1
VOYAGE AUTOUR DU GRAND PIN. . . 1

LE PRINCE DE LA MOSKOWA
SOUVENIRS ET RÉCITS. 1

LANFREY
LES LETTRES D'ÉVERARD. 1

THÉODORE DE LANGEAC
LES AVENTURES D'UN SULTAN. . . . 1

VICTOR DE LAPRADE de l'Acad. franç.
POÈMES ÉVANGÉLIQUES. 3e édition. . 1
PSYCHÉ. Odes et Poèmes. Nouv. édit. 1
LES SYMPHONIES. Idylles héroïques. . 1

WILLIAM DE LA RIVE
LA MARQUISE DE CLÉROL. 1

FERDINAND DE LASTEYRIE
LES TRAVAUX DE PARIS. Examen crit. 1

DE LATENA
ÉTUDE DE L'HOMME. 4e édition augm. 2

ÉMILE DE LATHEULADE
DE LA DIGNITÉ HUMAINE. 1

ANTOINE DE LATOUR
LA BAIE DE CADIX. 1
L'ESPAGNE RELIGIEUSE ET LITTÉRAIRE. 1
ÉTUDES LITTÉR. SUR L'ESPAGNE CONTEMP. 1
ÉTUDES SUR L'ESPAGNE. 2
LES SAYNÈTES DE RAMON DE LA CRUZ. 1
TOLÈDE ET LES BORDS DU TAGE. . . 1

CHARLES DE LA VARENNE
VICTOR-EMMANUEL II ET LE PIÉMONT. 1

CH. LAVOLLÉE
LA CHINE CONTEMPORAINE. 1

A. LEFÈVRE-PONTALIS
LES LOIS ET LES MŒURS ÉLECTORALES
EN FRANCE ET EN ANGLETERRE. . . 1

ERNEST LEGOUVÉ de l'Acad. franç.
LECTURES A L'ACADÉMIE. 1

JOHN LEMOINNE
ÉTUDES CRITIQUES ET BIOGRAPHIQUES. 1
NOUV. ÉTUDES CRIT. ET BIOGRAPHIQUES. 1

FRANÇOIS LENORMANT
LA GRÈCE ET LES ILES IONIENNES. . . 1

LÉOUZON LE DUC
L'EMPEREUR ALEXANDRE II. 2e édition. 1

JULES LEVALLOIS
LA PITIÉ AU XIXe SIÈCLE. 1

CH. LIADIÈRES
ŒUVRES DRAMATIQUES ET LÉGENDES. . 1
SOUV. HISTOR. ET PARLEMENTAIRES. . 1

FRANZ LISZT
DES BOHÉMIENS ET DE LEUR MUSIQUE. 1

LE VICOMTE DE LUBBE
DIX ANNÉES DE LA COUR DE GEORGE II. 1

CHARLES MAGNIN
HISTOIRE DES MARIONNETTES EN EUROPE, depuis l'antiquité. 2ᵉ *édition*. 1

FÉLICIEN MALLEFILLE
LE COLLIER. Contes et Nouvelles. . 1

HECTOR MALOT
LES AMOURS DE JACQUES 1
UNE BONNE AFFAIRE. 1
LES VICTIMES D'AMOUR. Les Époux. 1
— — Les Enfants. 1
LA VIE MODERNE EN ANGLETERRE. . . 1

EUG. MANUEL
PAGES INTIMES, poésies. 1

AUGUSTE MAQUET
LES TRENTE FEUILLES. 1

MARC-BAYEUX
LA PREMIÈRE ÉTAPE. 1

LE COMTE DE MARCELLUS
CHANTS POPULAIRES DE LA GRÈCE MODERNE, réunis, classés et traduits. . 1

X. MARMIER
LES DRAMES DU CŒUR. 2ᵉ *édition*. . . 1

CH. DE MAZADE
DEUX FEMMES DE LA RÉVOLUTION . . . 1
L'ITALIE ET LES ITALIENS 1
L'ITALIE MODERNE. 1
LA POLOGNE CONTEMPORAINE. 1

E. DU MÉRAC
PLACIDE DE JAVERNY. 1

PROSPER MÉRIMÉE de l'Acad. franç.
LES COLLÈGUES D'AUTREFOIS. 2ᵉ édition 1
LES DEUX HÉRITAGES. 2ᵉ *édition*. . 1
ÉPISODE DE L'HISTOIRE DE RUSSIE. 2ᵉ éd. 1
ÉTUDES SUR L'HISTOIRE ROMAINE. 2ᵉ éd. 1
MÉLANGES HISTORIQUES ET LITT. 2ᵉ éd. 1
NOUVELLES, Carmen — Arsène Guillot —
—L'abbé Aubain, etc. 4ᵉ *édition*. . 1

MÉRY
LES AMOURS DES BORDS DU RHIN . . . 1
UN CRIME INCONNU. 1
LES JOURNÉES DE TITUS 1
MONSIEUR AUGUSTE. 2ᵉ *édition*. . . 1
LES MYSTÈRES D'UN CHATEAU. . . . 1
LES NUITS ANGLAISES. 1
LES NUITS ESPAGNOLES. 1
LES NUITS ITALIENNES. 1
LES NUITS D'ORIENT 1
LES NUITS PARISIENNES. 1
POÉSIES INTIMES. 1

MÉRY (Suite)
THÉATRE DE SALON. 2ᵉ *édition*. . . 1
NOUVEAU THÉATRE DE SALON. . . . 1
LES UNS ET LES AUTRES. 1
URSULE. 2ᵉ *édition*. 1
LA TÊTES D'ARLES. 1
LA VIE FANTASTIQUE. 1

PAUL MEURICE
CÉSARA (Les Chevaliers de l'esprit.)
2ᵉ édition. 1
SCÈNES DU FOYER. LA FAMILLE AUBRY. 1

ÉDOUARD MEYER
CONTES DE LA MER BALTIQUE. 1

FRANCISQUE MICHEL
DU PASSÉ ET DE L'AVENIR DES HARAS 1

MIE D'AGHONNE
BONJOUR ET BONSOIR. 1

Cᵗᵉ DE MIRABEAU-Vᵗᵉ DE GRENVILLE
HISTOIRE DE DEUX HÉRITIÈRES. . . . 1

L'ABBÉ TH. MITRAUD
DE LA NATURE DES SOCIÉTÉS HUMAINES. 1
LE LIVRE DE LA VERTU 1

CÉLESTE MOGADOR
MÉMOIRES COMPLETS 5

PAUL DE MOLÈNES
L'AMANT ET L'ENFANT. 1
AVENTURES DU TEMPS PASSÉ. 1
LE BONHEUR DES NEIGE. 1
CARACTÈRES ET RÉCITS DU TEMPS. . 1
LA FOLIE DE L'ÉPÉE. 1
HISTOIRES SENTIMENTALES ET MILITAIRES. 1

CHARLES MONSELET
LES ANNÉES DE GAITÉ. (Sous presse). 1
L'ARGENT MAUDIT. 2ᵉ *édition*. . . 1
LA FIN DE L'ORGIE 1
LA FRANC-MAÇONNERIE DES FEMMES. 1
FRANÇOIS SOLEIL. 1
LES GALANTERIES DU XVIIIᵉ SIÈCLE. . 1
M. LE DUC S'AMUSE. 1
LES ORIGINAUX DU SIÈCLE DERNIER. . 1

LE Cᵗᵉ DE MONTALIVET anc. ministre
AIEN. — Dix-huit années du gouvernement parlementaire. 2ᵉ *édition*. . 1

FRÉDÉRIC MORIN
LES IDÉES DU TEMPS PRÉSENT. . . . 1

HENRY MURGER
LES BUVEURS D'EAU 1
NUITS D'HIVER, Poésies compl. 3ᵉ édit. 1
SCÈNES DE CAMPAGNE 1
SCÈNES DE LA VIE DE JEUNESSE. . . 1

A. DE MUSSET, DE BALZAC, G. SAND
PARIS ET LES PARISIENS. 1

PAUL DE MUSSET
UN MAÎTRE INCONNU. 1

NADAR
LA ROBE DE DÉJANIRE. 2ᵉ *édition*. . 1

CHARLES NARREY
LES DERNIERS JEUNES GENS. 1

LA COMTESSE NATHALIE
LA VILLA CALIXTA. 1
CHARLES NISARD
MÉMOIRES ET CORRESPONDANCES HISTORIQUES ET LITTÉRAIRES, INÉDITS. 1
D. NISARD de l'Acad. française
ÉTUDES DE CRITIQUE LITTÉRAIRE. . . 4
ÉTUDES SUR LA RENAISSANCE. 2ᵉ *édition* 1
MÉLANGES D'HISTOIRE ET DE LITTÉRAT. 1
NOUV. ÉTUDES D'HIST. ET DE LITTÉRAT. 1
SOUVENIRS DE VOYAGE. 2ᵉ *édition*. 1
CHARLES NODIER *traducteur*
LE VICAIRE DE WAKEFIELD. 1
LE VICOMTE DE NOÉ
BACHI-BOZOUCKS ET CHASSEURS D'AFR. 1
JULES NORIAC
LE CAPITAINE SAUVAGE. 1
LES COQUINS DE PARIS. 1
LE 101ᵉ RÉGIMENT. 40ᵉ *édition* . . . 1
LES GENS DE PARIS 1
JOURNAL D'UN FLÂNEUR. 1
MADEMOISELLE POUCET. 2ᵉ *édition* . . 1
LAURENCE OLIPHANT
VOYAGE PITTOR. D'UN ANGLAIS EN RUSSIE. 1
ÉDOUARD OURLIAC (ŒUVRES COMPLÈTES)
LES CONFESSIONS DE NAZARILLE. . . . 1
LES CONTES DE LA FAMILLE. 1
CONTES SCEPTIQUES ET PHILOSOPHIQUES. 1
FANTAISIES. 1
LA MARQUISE DE MONTMIRAIL. 1
NOUVEAUX CONTES DU BOCAGE. 1
NOUVELLES. 1
LES PORTRAITS DE FAMILLE. 1
PROVERBES ET SCÈNES BOURGEOISES. . 1
SUZANNE. 1
THÉATRE DU SEIGNEUR CROQUIGNOLE. . 1
ALPHONSE PAGÈS
BALZAC MORALISTE OU l'ensées de Balzac extraites de son œuvre, classées et mises en regard de celles de *La Rochefoucauld, Pascal, La Bruyère et Vauvenargues*. 1
ÉDOUARD PAILLERON
AMOURS ET HAINES. 1
LES PARASITES. 1
THÉOD. PARMENTIER
DESCRIPTION TOPOGRAPHIQUE ET STRATÉGIQUE DU THÉATRE DE LA GUERRE TURCO-RUSSE. avec une carte topog. 1
TH. PAVIE
RÉCITS DE TERRE ET DE MER. 1
SCÈNES ET RÉCITS DES PAYS D'OUTRE-MER 1
***
FLAMEN. 1
HISTOIRE DE SOUCI. 2ᵉ *édition* 1
LE PÉCHÉ DE MADELEINE. 3ᵉ *édition*. . 1
P. CASIMIR PÉRIER
PROPOS D'ART. 2
PAUL PERRET
L'AMOUR ÉTERNEL. 1
LA BAGUE D'ARGENT. 1
LE CHATEAU DE LA FOLIE. 1
LES ROCHERIES DE COLOMB. 1
LÉONCE DE PESQUIDOUX
L'ÉCOLE ANGLAISE. — 1872-1874 — . 1
VOYAGE ARTISTIQUE EN FRANCE. . . . 1
A. PEYRAT
ÉTUDES HISTORIQUES ET RELIGIEUSES. 1

A. PEYRAT (suite). vol.
HISTOIRE ET RELIGION. 1
LA RÉVOLUTION. 1
LAURENT PICHAT
CARTES SUR TABLE. *Nouvelles*. . . . 1
LA SIBYLLE. 1
AMÉDÉE PICHOT
LA BELLE RÉBECCA. 1
SIR CHARLES BELL. 1
BENJAMIN PIFFTEAU
DEUX ROUTES DE LA VIE. 1
GUSTAVE PLANCHE
ÉTUDES SUR L'ÉCOLE FRANÇAISE. . . . 2
ÉTUDES SUR LES ARTS. 2
ÉDOUARD PLOUVIER
LA BELLE AUX CHEVEUX BLEUS. 2ᵉ édit. 1
EDGAR POE *Trad. Ch. Baudelaire*
EUREKA. 1
HISTOIRES GROTESQUES ET SÉRIEUSES. 1
F. PONSARD de l'Acad. française
ÉTUDES ANTIQUES. 1
P. P.
L'OFFICIER PAYEUR. 1
UNE SŒUR. 1
UNE VEUVE. 1
A. DE PONTMARTIN
CAUSERIES LITTÉRAIRES. *Nouv. édition*. 1
NOUV. CAUSERIES LITTÉRAIRES. 2ᵉ *édit*. 1
DERNIÈRES CAUSERIES LITTÉRAIRES. 2ᵉ éd. 1
CAUSERIES DU SAMEDI. *Nouv. édition*. 1
NOUVELLES CAUSERIES DU SAMEDI. 2ᵉ *éd*. 1
DERNIÈRES CAUSERIES DU SAMEDI. 2ᵉ éd. 1
LES CORBEAUX DU GÉVAUDAN. 2ᵉ *édit*. 1
ENTRE CHIEN ET LOUP. 2ᵉ *édition*. . . 1
LE FOND DE LA COUPE. 1
LES JEUDIS DE Mᵐᵉ CHARBONNEAU. 6ᵉ *éd*. 1
LES SEMAINES LITTÉRAIRES. 1
NOUVELLES SEMAINES LITTÉRAIRES. . . 1
DERNIÈRES SEMAINES LITTÉRAIRES. . . 1
NOUVEAUX SAMEDIS. 6
EUGÈNE POUJADE
LE LIBAN ET LA SYRIE. 3ᵉ *édition*. . 1
ÉDOUARD PRARONO
DE MONTRÉAL A JÉRUSALEM. 1
PRÉVOST-PARADOL de l'Acad. franç.
ÉLISABETH ET HENRI IV (1595-1598). 3ᵉ *éd*. 1
ESSAIS DE POLITIQUE ET DE LITTÉRATURE. 2ᵉ *édition*. 3
LA FRANCE NOUVELLE. 10ᵉ *édition*. . 1
QUELQUES PAGES D'HISTOIRE CONTEMPORAINE. Lettres politiques. . . . 1
CHARLES RABOU
LA GRANDE ARMÉE. 2
MAX RADIGUET
A TRAVERS LA BRETAGNE. 1
SOUVENIRS DE L'AMÉRIQUE ESPAGNOLE. 1
RAMON DE LA CRUZ
SAYNÈTES, tr. de l'esp. par *A. de Latour*. 1
LOUIS RATISBONNE
ALFRED DE VIGNY. Journal d'un poète. 1
L'ENFER DE DANTE, traduction en vers, texte en regard. *Nouvelle édition*. 1
LE PARADIS DE DANTE. *Nouv. édition*. 1
LE PURGATOIRE DE DANTE. *Nouv. éd*. 1
IMPRESSIONS LITTÉRAIRES. 1
MORTS ET VIVANTS. 1
JEAN REBOUL *de Nîmes*
LETTRES avec introd. de M. Poujoulat. 1

BIBLIOTHÈQUE CONTEMPORAINE. — 3 FR. LE VOLUME.

PAUL DE RÉMUSAT — vol.
LES SCIENCES NATURELLES. Études sur leur histoire et sur leurs progrès . . 1

ERNEST RENAN
ÉTUDES D'HISTOIRE RELIGIEUSE. 7ᵉ édit. 1

D. JOSÉ GUELL Y RENTÉ
LÉGENDES AMÉRICAINES 1
LÉGENDES D'UNE AME TRISTE 1
LÉGENDES DE MONTSERRAT 1
TRADITIONS AMÉRICAINES 1
LA VIERGE DES LYS — PETITE-FILLE DE ROI 1

RODOLPHE REY
HIST. DE LA RENAISSANCE POL. DE L'ITALIE. 1

LOUIS REYBAUD
LA COMTESSE DE MAULÉON 1
LES ÉCOLES EN FRANCE ET EN ANGLETERRE. 1
JÉRÔME PATUROT à la recherche de la meilleure des républiques 2
MARINES ET VOYAGES 1
MŒURS ET PORTRAITS DU TEMPS . . . 1
NOUVELLES 1
ROMANS 1
SCÈNES DE LA VIE MODERNE 1
LA VIE A REBOURS 1
LA VIE DE CORSAIRE 1
LA VIE DE L'EMPLOYÉ 1

HENRI RIVIÈRE
LE CACIQUE. Journal d'un marin . . . 1
LA GRANDE MARQUISE 1
LA MAIN COUPÉE 1
LES MÉPRISES DU CŒUR 1
LE MEURTRIER D'ALBERTINE RENOUF. 1
PIERROT ET CAIN. Nouv. édition . . . 1
LA POSSÉDÉE 1

EDMOND ROCHE
POÉSIES POSTHUMES. Notice de V. Sardou, et eaux-fortes 1

AMÉDÉE ROLLAND
LES FILS DE TANTALE 1
LA FOIRE AUX MARIAGES. 2ᵉ édition . 1
LES MARIONNETTES DE L'AMOUR. (S. pr.) 1

NESTOR ROQUEPLAN
LA VIE PARISIENNE. Nouvelle édition . 1

VICTORINE ROSTAND
UNE BONNE ÉTOILE 1
AU BORD DE LA SAÔNE 1
LES SARRASINS AU VIIᵉ SIÈCLE . . . 1

LE DOCTᵉᵘʳ FÉLIX ROUBAUD
LES EAUX MINÉRALES DE LA FRANCE, guide du médecin pratic. et du malade. 1
POUGUES, eaux minérales, ses environs 1

JEAN ROUSSEAU
LES COUPS D'ÉPÉE DANS L'EAU . . . 1
PARIS DANSANT. 2ᵉ édition 1

ÉMILE RUBEN
CE QUE COUTE UNE RÉPUTATION . . . 1

LE MARÉCHAL DE SAINT-ARNAUD
LETTRES (1832-1854), 3ᵉ édition, avec une notice de M. Sainte-Beuve . . 2

SAINTE-BEUVE de l'Acad. franç.
NOUVEAUX LUNDIS 11
PORTRAITS CONTEMPORAINS. Nouv. édit. revue corrigée et très-augmentée . 2

SAINT-GERMAIN LEDUC
UN MARI 1

SAINT-SIMON — vol.
DOCTRINE SAINT-SIMONIENNE 1

GEORGE SAND
ANDRÉ 1
ANTONIA 1
CADIO 1
LA CONFESSION D'UNE JEUNE FILLE . 1
CONSTANCE VERRIER 1
LE DERNIER AMOUR 1
LA DERNIÈRE ALDINI 1
ELLE ET LUI 1
LA FAMILLE DE GERMANDRE 1
FRANÇOIS LE CHAMPI 1
UN HIVER A MAJORQUE — SPIRIDION . 1
INDIANA 1
JACQUES 1
JEAN DE LA ROCHE 1
JEAN ZISKA — GABRIEL 1
LAURA 1
LETTRES D'UN VOYAGEUR 1
MADEMOISELLE MERQUEM 1
MADEMOISELLE LA QUINTINIE . . . 1
LES MAITRES MOSAÏSTES 1
LES MAITRES SONNEURS 1
LA MARE AU DIABLE 1
LE MARQUIS DE VILLEMER 1
MAUPRAT 1
MONSIEUR SYLVESTRE 1
MONT-REVÊCHE 1
NOUVELLES 1
LA PETITE FADETTE 1
PIERRE QUI ROULE 2
LES SEPT CORDES DE LA LYRE . . . 1
TAMARIS 1
THÉATRE COMPLET 4
THÉATRE DE NOHANT 1
L'USCOQUE 1
VALENTINE 1
VALVÈDRE 1
LA VILLE NOIRE 1

MAURICE SAND
CALLIRHOÉ 1
MISS MARY 1
SIX MILLE LIEUES A TOUTE VAPEUR. 3ᵉ édit. 1

JULES SANDEAU
UN DÉBUT DANS LA MAGISTRATURE. 2ᵉ éd. 1
UN HÉRITAGE. Nouvelle édition . . . 1
LA MAISON DE PENARVAN. 8ᵉ édition. 1

FRANCISQUE SARCEY
LE MOT ET LA CHOSE 1

C. DE SAULT
ESSAIS DE CRITIQUE D'ART 1

AD. SCHAEFFER
HISTOIRE D'UN HOMME HEUREUX . . . 1

EDMOND SCHERER
ÉTUDES CRITIQUES sur la littérature . 1
NOUV. ÉTUDES sur la littérature. 2ᵉ sér. 1
ÉTUDES SUR LA LITTÉRATURE. 3ᵉ série 1
MÉLANGES D'HIST. RELIGIEUSE. 2ᵉ édit. 1

FERNAND SCHICKLER
EN ORIENT. SOUVENIRS DE VOYAGE . . 1

AURÉLIEN SCHOLL
LES GENS TARÉS 1
HÉLÈNE HERMANN 1
L'OUTRAGE 1
LES PETITS SECRETS DE LA COMÉDIE . 1

EUGÈNE SCRIBE
NOUVELLES 1
THÉATRE (ouvrage complet) 20

ALBÉRIC SECOND
	vol.
A QUOI TIENT L'AMOUR?	1

WILLIAM N. SENIOR
LA TURQUIE CONTEMPORAINE	1

J.-C.-L. DE SISMONDI
LETTRES INÉDITES, suivies de lettres de Bonstetten, de Mme de Staël et de Souza, Intr. de St-René Taillandier.	1

DE STENDHAL (H. BEYLE) (œuvres complètes)
LA CHARTREUSE DE PARME. Nouv. édit.	1
CHRONIQUES ITALIENNES	1
CORRESPONDANCE INÉDITE Introduction de P. Mérimée et Portrait	2
HISTOIRE DE LA PEINTURE EN ITALIE	1
MÉLANGES D'ART ET DE LITTÉRATURE	1
MÉMOIRES D'UN TOURISTE. Nouv. édit.	2
NOUVELLES INÉDITES	1
PROMENADES DANS ROME. Nouv. édit.	2
RACINE ET SHAKESPEARE. Nouv. édition	1
ROMANS ET NOUVELLES	1
ROME, NAPLES ET FLORENCE. Nouv. édit.	1
LE ROUGE ET LE NOIR. Nouv. édition	1
VIE DE ROSSINI. Nouv. édition	1
VIES DE HAYDN, DE MOZART ET DE MÉTASTASE. Nouv. édit. entièr. revue.	1

DANIEL STERN
ESSAI SUR LA LIBERTÉ. Nouv. édition	1
FLORENCE ET TURIN. Art et politique.	1
NÉLIDA	1

MATHILDE STEV...
LE OUI ET LE NON DES FEMMES	1

SAINT-RENÉ TAILLANDIER
ALLEMAGNE ET RUSSIE	1
LA COMTESSE D'ALBANY	1
HISTOIRE ET PHILOSOPHIE RELIGIEUSE.	
LITTÉRATURE ÉTRANGÈRE — ÉCRIVAINS ET POÈTES MODERNES	1

TÉRENCE
THÉATRE COMPLET. Trad. A. de Belloy.	1

EDMOND TEXIER
CONTES ET VOYAGES	1
CRITIQUES ET RÉCITS LITTÉRAIRES	1
LA GRÈCE ET SES INSURRECTIONS. Nouv. édition, avec cartes	1
***	
MÉMOIRES DE BILBOQUET	3

EDMOND THIAUDIÈRE
UN PRÊTRE EN FAMILLE	1

A. THIERS
HISTOIRE DE LAW	1

AUGUSTIN THIERRY
(ŒUVRES COMPLÈTES — NOUVELLE ÉDITION)
ESSAI SUR L'HISTOIRE DE LA FORMATION DU TIERS ÉTAT	1
HISTOIRE DE LA CONQUÊTE DE L'ANGLETERRE PAR LES NORMANDS	2
LETTRES SUR L'HISTOIRE DE FRANCE. Dix ans d'études historiques.	1
RÉCITS DES TEMPS MÉROVINGIENS.	1

CH. THIERRY-MIEG
SIX SEMAINES EN AFRIQUE. Souv. de voyage, avec carte et 9 dessins.	1

ÉMILE THOMAS
HISTOIRE DES ATELIERS NATIONAUX.	1

TIRSO DE MOLINA
THÉATRE. Traduit par Alph. Royer.	1

MARIO UCHARD
	vol.
LA COMTESSE DIANE. 2e édition.	1
UNE DERNIÈRE PASSION.	1
JEAN DE CHAZOL. 2e édition.	1
LE MARIAGE DE GERTRUDE. 4e édition.	1
RAYMON. 4e édition.	1

LOUIS ULBACH
L'HOMME AUX CINQ LOUIS D'OR.	1
LES SECRETS DU DIABLE.	1

AUGUSTE VACQUERIE
PROFILS ET GRIMACES.	1

E. DE VALBEZEN (LE MAJOR FRIDOLIN)
LA MALLE DE L'INDE. 2e édition.	1
RÉCITS D'HIER ET D'AUJOURD'HUI.	1

OSCAR DE VALLÉE
LES MANIEURS D'ARGENT. 4e édition.	1

MAX VALREY
CES PAUVRES FEMMES!	1
LES VICTIMES DU MARIAGE. 2e édition.	1

THÉODORE VERNES
NAPLES ET LES NAPOLITAINS. 2e édition	1

LE DOCTEUR L. VÉRON
CINQ CENT MILLE FRANCS DE RENTE.	1

CLAUDE VIGNON
UN NAUFRAGE PARISIEN. 7e édition.	1

ALFRED DE VIGNY
(ŒUVRES COMPLÈTES)
CINQ-MARS, avec 2 autographes. 17e éd.	1
JOURNAL D'UN POÈTE.	1
POÉSIES COMPLÈTES. 8e édition.	1
SERVITUDE ET GRANDEUR MILITAIRES. 11e édition	1
STELLO. 10e édition	1
THÉATRE COMPLET. 9e édition	1

SAMUEL VINCENT
DU PROTESTANTISME EN FRANCE. N. éd. Introd. de Prévost-Paradol.	1
MÉDITATIONS RELIGIEUSES. Not. de Fontanès. Int. d'A. Coquerel fils.	1

LÉON VINGTAIN
DE LA LIBERTÉ DE LA PRESSE	1
VIE PUBLIQUE DE ROYER-COLLARD avec une préface de M. A. de Broglie.	1

L. VITET de l'Académie française
ESSAIS HISTORIQUES ET LITTÉRAIRES	1
ÉTUDES SUR L'HISTOIRE DE L'ART. 2e édit.	4
HISTOIRE DE DIEPPE. Nouvelle édit.	1
LA LIGUE. — SCÈNES HISTORIQUES. Précéd. des ÉTATS D'ORLÉANS. Nouv. édition	2

RICHARD WAGNER
QUATRE POÈMES D'OPÉRAS ALLEMANDS.	1

J.-J. WEISS
ESSAIS SUR L'HISTOIRE DE LA LITTÉRATURE FRANÇAISE	1

FRANCIS WEY
CHRISTIAN	1

Mme DE WITT, née Guizot
HISTOIRE DU PEUPLE JUIF, depuis son retour de la captivité à Babylone	1

CORNÉLIS DE WITT
LA SOCIÉTÉ FRANÇAISE ET LA SOCIÉTÉ ANGLAISE AU XVIIIe SIÈCLE	1

E. YEMENIZ, consul de Grèce
LA GRÈCE MODERNE	1
SCÈNES ET RÉCITS DES GUERRES DE L'INDÉPENDANCE	1

BIBLIOTHÈQUE NOUVELLE
Format grand in-18 à 2 francs le volume

EDMOND ABOUT — vol.
- LE CAS DE M. GUÉRIN. 5e édition ... 1
- LE NEZ D'UN NOTAIRE. 7e édition ... 1

AMÉDÉE ACHARD
- BELLE-ROSE ... 1
- NELLY ... 1
- LA TRAITE DES BLONDES ... 1

PIOTRE ARTAMOV
- HISTOIRE D'UN BOUTON. 4e édition ... 1
- LES INSTRUMENTS DE MUSIQUE DU DIABLE. 1
- LA MÉNAGERIE LITTÉRAIRE ... 1

BABAUD-LARIBIÈRE
- HISTOIRE DE L'ASSEMBLÉE NATIONALE CONSTITUANTE ... 2

H. DE BARTHÉLEMY
- LA NOBLESSE EN FRANCE avant et depuis 1789 ... 1

Mme DE BAWR
- NOUVELLES ... 1
- RAOUL, ou l'Énéide ... 1
- ROBERTINE ... 1
- LES SOIRÉES DES JEUNES PERSONNES ... 1

ROGER DE BEAUVOIR
- LES MYSTÈRES DE L'ILE SAINT-LOUIS ... 1
- LES ŒUFS DE PAQUES ... 1

FRÉDÉRIC BÉCHARD
- L'ÉCHAPPÉ DE PARIS. Nouv. série des Existences déclassées. 2e édition. 1
- LES EXISTENCES DÉCLASSÉES. 5e édition 1

GEORGES BELL
- LUCY LA BLONDE ... 1

PIERRE BERNARD
- L'A B C DE L'ESPRIT ET DU CŒUR ... 1

CHARLES BERTHOUD
- FRANÇOIS D'ASSISE ... 1

ALBERT BLANQUET
- LE ROI D'ITALIE. Roman historique ... 1

RAOUL BRAVARD
- CES SAVOYARDS ! ... 1

E. BRISEBARRE ET E. NUS
- LES DRAMES DE LA VIE ... 2

CLÉMENT CARAGUEL
- SOUVENIRS ET AVENTURES D'UN VOLONTAIRE GARIBALDIEN ... 1

COMTESSE DE CHABRILLAN
- EST-IL FOU ? ... 1

EUGÈNE CHAPUS
- MANUEL DE L'HOMME ET DE LA FEMME COMME IL FAUT. 3e édition ... 1

ÉMILE CHEVALIER
- LES PIEDS NOIRS ... 1

CLOGENSON
- BEPPO, de Byron, trad. vers ... 1

A. CONSTANT
- LE SORCIER DE MEUDON ... 1

DÉCEMBRE-ALONNIER
- LA BOHÊME LITTÉRAIRE ... 1

ÉDOUARD DELESSERT
- LE CHEMIN DE ROME ... 1
- SIX SEMAINES DANS L'ILE DE SARDAIGNE ... 1

CAMILLE DERAINS — vol.
- LA FAMILLE D'ANTOINE MOREL ... 1

CH. DICKENS, Trad. Amédée Pichot
- LES CONTES D'UN INCONNU ... 1

MAXIME DU CAMP
- LES CHANTS MODERNES ... 1
- LE CHEVALIER DU CŒUR-SAIGNANT ... 1
- L'HOMME AU BRACELET D'OR. 2e édition. 1
- LE NIL (Egypte et Nubie). 3e édition ... 1
- LE SALON DE 1859 ... 1
- LE SALON DE 1861 ... 1

JOACHIM DUFLOT
- LES SECRETS DES COULISSES DES THÉÂTRES DE PARIS. Mœurs, Usages, Anecdotes, avec une préface de J. Norlac ... 1

ALEXANDRE DUMAS
- L'ART ET LES ARTISTES CONTEMPORAINS au salon de 1859 ... 1
- DE PARIS A ASTRAKAN ... 3
- LA SAN-FELICE ... 9
- SOUVENIRS D'UNE FAVORITE ... 4

ÉMILIE
- CHANTS D'UNE ÉTRANGÈRE ... 1

XAVIER EYMA
- LE ROMAN DE FLAVIO ... 1

ANTOINE GANDON
- LES 32 DUELS DE JEAN GIGON. 10e édit. 1
- LE GRAND GODARD. 4e édition ... 1
- L'ONCLE PHILIBERT. Histoire d'un peureux. 3e édition ... 1

JULES GÉRARD le Tueur de lions
- MES DERNIÈRES CHASSES ... 1

ÉMILE DE GIRARDIN
- BON SENS, BONNE FOI ... 1
- LE DROIT AU TRAVAIL au Luxembourg et à l'Assemblée nationale ... 2
- ÉTUDES POLITIQUES. Nouvelle édition 1
- LE POUR ET LE CONTRE ... 1
- QUESTIONS ADMINIST. ET FINANCIÈRES. 1

ÉDOUARD GOURDON
- CHACUN LA SIENNE ... 1
- LES FAUCHEURS DE NUIT. 8e édition ... 1
- LOUISE. 12e édition ... 1

LÉON GOZLAN
- L'AMOUR DES LÈVRES ET L'AMOUR DU CŒUR ... 1
- LES AVENTURES DU PRINCE DE GALLES. 1

Mme MANOEL DE GRANDFORT
- MADAME N'EST PAS CHEZ ELLE ... 1
- OCTAVE — COMMENT ON S'AIME QUAND ON NE S'AIME PLUS ... 1

EC. GRIMARD
- L'ÉTERNEL FÉMININ ... 1

JULES GUÉROULT
- FABLES ... 1

CHARLES D'HÉRICAULT — vol.
LA FILLE AUX BLEUETS. 2ᵉ *édition* . . 1
LES PATRICIENS DE PARIS 1

ARSÈNE HOUSSAYE
LE REPENTIR DE MARION 1

A. JAIME FILS
L'HÉRITAGE DU MAL 1
LES TALONS NOIRS. 2ᵉ *édition* 1

LOUIS JOURDAN
LES PEINTRES FRANÇAIS. SALON DE 1859 1

AURÈLE KERVIGAN
HISTOIRE DE RIRE 1

MARY LAFON
LA BANDE MYSTÉRIEUSE 1
LA PESTE DE MARSEILLE 1

MARQUISE DE LAGRANGE
LA RÉSINIÈRE D'ARCACHON 1

G. DE LA LANDELLE
LA GORGONE 2

STÉPHEN DE LA MADELAINE
UN CAS PENDABLE 1

F. LAMENNAIS
DE LA SOCIÉTÉ PREMIÈRE et de ses lois. 1

LARDIN ET MIE D'AGHONNE
JEANNE DE FLERS 1

A. LEXANDRE
LE PÈLERINAGE DE MIREILLE 1

LOGEROTTE
DE PALERME A TURIN 1

FANNY LOVIOT
LES PIRATES CHINOIS. 3ᵉ *édition* . . 1

LOUIS LURINE
VOYAGE DANS LE PASSÉ 1

VICTOR LURO
MARGUERITE D'ANGOULÊME 1

AUGUSTE MAQUET
LE BEAU D'ANGENNES 1
LA BELLE GABRIELLE 3
LE COMTE DE LAVERNIE 3
LETTRES DE CŒUR 1
L'ENVERS ET L'ENDROIT 2
LA MAISON DU BAIGNEUR 2
LA ROSE BLANCHE 1

MÉRY
MARSEILLE ET LES MARSEILLAIS. 2ᵉ *édit.* 1

ALFRED MICHIELS
CONTES D'UNE NUIT D'HIVER 1

EUGÈNE DE MIRECOURT
LES CONFESSIONS DE MARION DELORME. 3
— DE NINON DE LENCLOS. 3

L. MOLAND — vol.
LE ROMAN D'UNE VILLE LAIDE 1

MARC MONNIER
LA CAMORRA. MYSTÈRES DE NAPLES . 1
HISTOIRE DU BRIGANDAGE DANS L'ITALIE
MÉRIDIONALE. 2ᵉ *édition* 1

MORTIMER-TERNAUX
LA CHUTE DE LA ROYAUTÉ 1
LE PEUPLE AUX TUILERIES 1

CHARLES NARREY
LE QUATRIÈME LARRON. 2ᵉ *édition* . . 1

HENRI NICOLLE
COURSES DANS LES PYRÉNÉES 1

JULES NORIAC
LA BÊTISE HUMAINE. 16ᵉ *édition* . . 1
LA DAME A LA PLUME NOIRE. 2ᵉ *édition*. 1
LE GRAIN DE SABLE. 9ᵉ *édition* . . . 1
MÉMOIRES D'UN BAISER. 3ᵉ *édition* . 1
SUR LE RAIL. 2ᵉ *édition* 1

LE COMTE A. DE PONTÉCOULANT
HISTOIRES ET ANECDOTES 1

A. DE PONTMARTIN
LES BRULEURS DE TEMPLES 1

CHARLES RABOU
LE CAPITAINE LAMBERT 1
LOUISON D'ARQUIEN 1
LES TRIBULATIONS DE MAITRE FABRICIUS. 1

GIOVANI RUFINI
MÉMOIRES D'UN CONSPIRATEUR ITALIEN. 1

C. A. SAINTE-BEUVE
de l'Académie française
LE GÉNÉRAL JOMINI 1

VICTORIEN SARDOU
LA PERLE NOIRE 1

AURÉLIEN SCHOLL
LES AMOURS DE THÉATRE. 2ᵉ *édition*. 1
SCÈNES ET MENSONGES PARISIENS. 2ᵉ éd. 1

E.-A. SEILLIÈRE
AU PIED DU DONON 1

Mᵐᵉ SURVILLE née DE BALZAC
LE COMPAGNON DU FOYER 1

THACKERAY Trad. Am. Pichot
MORGIANA 1

EM. DE VARS
LA JOUEUSE. Mœurs de province . . . 1

Mᵐᵉ VERDIER-ALLUT
LES GÉORGIQUES DU MIDI 1

A. VERMOREL
LES AMOURS FUNESTES 1
LES AMOURS VULGAIRES 1

Dʳ L. VÉRON
PARIS EN 1860. LES THÉATRES DE
PARIS DE 1806 A 1860, avec gravures. 1

ŒUVRES COMPLÈTES
DE
H. DE BALZAC
NOUVELLE ÉDITION COMPLÈTE, EN 45 VOLUMES
à 1 fr. 25 cent. le volume
(Chaque volume se vend séparément.)

Les œuvres que BALZAC a désignées sous le titre de :
La Comédie humaine, forment dans cette édition. . . . 40 volumes.
Les Contes drôlatiques. . . . . 3 —
Le Théâtre, seule édition complète. . . . . 2 —

CLASSIFICATION D'APRÈS LES INDICATIONS DE L'AUTEUR.

COMÉDIE HUMAINE

SCÈNES DE LA VIE PRIVÉE

Tome 1. — LA MAISON DU CHAT QUI PELOTTE. Le Bal de Sceaux. La Bourse. La Vendetta. Madame Firmiani. Une double Famille.

Tome 2. — LA PAIX DU MÉNAGE. La fausse Maîtresse. Étude de femme. Autre Étude de Femme. La grande Bretèche. Albert Savarus.

Tome 3. — MÉMOIRES DE DEUX JEUNES MARIÉES. Une Fille d'Ève.

Tome 4. — LA FEMME DE TRENTE ANS. La femme abandonnée. La Grenadière. Le Message. Gobseck.

Tome 5. — LE CONTRAT DE MARIAGE. Un Début dans la vie.

Tome 6. — MODESTE MIGNON.

Tome 7. — BÉATRIX.

Tome 8. — HONORINE. Le colonel Chabert. La Messe de l'Athée. L'Interdiction. Pierre Grassou.

SCÈNES DE LA VIE DE PROVINCE

Tome 9. — URSULE MIROUET.

Tome 10. — EUGÉNIE GRANDET.

Tome 11. — LES CÉLIBATAIRES — 1. Pierrette. Le Curé de Tours.

Tome 12. — LES CÉLIBATAIRES — II. Un Ménage de Garçon.

Tome 13. — LES PARISIENS EN PROVINCE. L'illustre Gaudissart. La Muse du département.

Tome 14. — LES RIVALITÉS. La Vieille Fille. Le Cabinet des Antiques.

Tome 15. — LE LYS DANS LA VALLÉE.

Tome 16. — ILLUSIONS PERDUES — I. Les deux Poètes. Un grand homme de province à Paris, 1re partie.

Tome 17. — ILLUSIONS PERDUES — II. Un Grand homme de province, 2e partie. Ève et David.

SCÈNES DE LA VIE PARISIENNE

Tome 18. — SPLENDEURS ET MISÈRES DES COURTISANES. Esther heureuse. A combien l'amour revient aux Vieillards. Où mènent les mauvais chemins.

Tome 19. — LA DERNIÈRE INCARNATION DE VAUTRIN. Un Prince de la Bohême. Un Homme d'affaires. Gaudissart II. Les Comédiens sans le savoir.

Tome 20. — HISTOIRE DES TREIZE. Ferragus. La duchesse de Langeais. La Fille aux yeux d'or.

Tome 21. — LE PÈRE GORIOT.

Tome 22. — CÉSAR BIROTTEAU.

Tome 23. — LA MAISON NUCINGEN. Les Secrets de la princesse de Cadignan. Les Employés. Sarrasine. Facino Cane.

Tome 24. — LES PARENTS PAUVRES — La Cousine Bette.

Tome 25. — LES PARENTS PAUVRES — Le Cousin Pons.

SCÈNES DE LA VIE POLITIQUE

Tome 26. — UNE TÉNÉBREUSE AFFAIRE. Un Épisode sous la Terreur.

Tome 27. — L'ENVERS DE L'HISTOIRE CONTEMPORAINE. Madame de la Chanterie. L'Initié. Z. Marcas.

Tome 28. — LE DÉPUTÉ D'ARCIS.

SCÈNES DE LA VIE MILITAIRE

Tome 29. — LES CHOUANS. Une Passion dans le Désert.

SCÈNES DE LA VIE DE CAMPAGNE

Tome 30. — LE MÉDECIN DE CAMPAGNE.

Tome 31. — LE CURÉ DE VILLAGE.

Tome 32. — LES PAYSANS.

ÉTUDES PHILOSOPHIQUES

Tome 33. — LA PEAU DE CHAGRIN.

Tome 34. — LA RECHERCHE DE L'ABSOLU. Jésus-Christ en Flandre. Melmoth réconcilié. Le Chef-d'œuvre inconnu.

Tome 35. — L'ENFANT MAUDIT. Gambara. Massimilla Doni.

Tome 36. — LES MARANA. Adieu. Le Réquisitionnaire. El Verdugo. Un Drame au bord de la mer. L'Auberge rouge. L'Élixir de longue vie. Maître Cornélius.

Tome 37. — SUR CATHERINE DE MÉDICIS. Le Martyr calviniste. La Confidence des Ruggieri. Les deux Rêves.

Tome 38. — LOUIS LAMBERT. Les Proscrits. Séraphita.

ÉTUDES ANALYTIQUES

Tome 39. — PHYSIOLOGIE DU MARIAGE.

Tome 40. — PETITES MISÈRES DE LA VIE CONJUGALE.

CONTES DROLATIQUES

Tome 41. — 1er dixain.
Tome 42. — 2e dixain.
Tome 43. — 3e dixain.

THÉÂTRE

Tome 44. — VAUTRIN, drame en 5 actes. Les Ressources de Quinola, comédie en 5 actes. Paméla Giraud, comédie en 5 actes.

Tome 45. — LA MARÂTRE, drame intime en 5 actes. Le Faiseur (Mercadet), comédie en 5 actes (entièrement conforme au manuscrit de l'auteur.)

ŒUVRES DE JEUNESSE
DE H. DE BALZAC
NOUVELLE ÉDITION COMPLÈTE EN 10 VOLUMES
À 1 fr. 25 cent. le volume *(chaque volume se vend séparément)*

	f. c.		f. c.
ARGOW LE PIRATE.	1	L'HÉRITIÈRE DE BIRAGUE.	1
LE CENTENAIRE.	1	L'ISRAÉLITE.	1
LA DERNIÈRE FÉE.	1	JANE LA PALE.	1
DON GIGADAS.	1	JEAN-LOUIS.	1
L'EXCOMMUNIÉ.	1	LE VICAIRE DES ARDENNES	1

OUVRAGES DIVERS
f. c.

J. AUTRAN
LABOUREURS ET SOLDATS, 2ᵉ éd. 1 v. 5 »

LA PRINCESSE DE BELGIOJOSO
SCÈNES DE LA VIE TURQUE. 1 vol. . 5 »

GEORGES BELL
LE MIROIR DE CAGLIOSTRO. 1 vol. . 1 »

HECTOR BERLIOZ
LES GROTESQUES DE LA MUSIQUE. 1 vol. 5 »
LES SOIRÉES DE L'ORCHESTRE. . . . 5 »

CHARLES BLANC
LES PEINTRES DES FÊTES GALANTES.
1 vol. in-32 . . . . 1 »

J. BRUNTON
LES 40 PRÉCEPTES DU JEU DE WHIST.
1 vol in-18. . . . . 1 50

ALFRED BUSQUET
LA NUIT DE NOEL. 1 vol. in-32. . 1 »

LE COMTE GUY DE CHARNACÉ
LES FEMMES D'AUJOURD'HUI. 2ᵉ éd. 2 v. 10 »

LE COMTE DE CHEVIGNÉ
LES CONTES REMOIS illustrés par
E. Meissonier. 6ᵉ édition. 1 vol. . 5 »

CHARLES EMMANUEL
LES DÉVIATIONS DU PENDULE ET LE
MOUVEMENT DE LA TERRE. 1 vol. 1 »

EUGÈNE FROMENTIN
UN ÉTÉ DANS LE SAHARA. 1 v in-18. 5 »

ALEXANDRE GUÉRIN
LES RELIGIEUSES. 1 vol. gr. in-18. . 1 »

LÉON HOLLÆNDER
DIX-HUIT SIÈCLES DE PRÉJUGÉS CHRÉ-
TIENS. 1 vol. grand in-18. . . . 2 »

LOUIS JOURDAN
LES PRIÈRES DE LUDOVIC. 1 v. in-32. 1 »

LAMARTINE
CONFIDENCES. 1 vol. . . . . . . 5 »
NOUVELLES CONFIDENCES. 1 vol. . . 5 »

SAVINIEN LAPOINTE
MES CHANSONS. — 1 vol. in-32 . . 1 »

LASSABATHIE, Admin. du Conserv.
HISTOIRE DU CONSERVATOIRE IMPÉRIAL
DE MUSIQUE ET DE DÉCLAMATION.
1 vol. grand in-18. . . . . . . 5 »

AUGUSTE LUCHET
LA CÔTE-D'OR À VOL D'OISEAU. 1 vol. 2 »
LA SCIENCE DU VIN. 1 vol. gr. in-18. 2 50

STEPHEN DE LA MADELAINE
CHANT. Études prat. de style.1,2 v.in-8 9 »

PAUL DE MOLÈNES
LES COMMENTAIRES D'UN SOLDAT. . . 5 »

P. MORIN
COMMENT L'ESPRIT VIENT AUX TABLES.
1 vol. in-18 . . . . 1 50

A. PEYRAT
UN NOUVEAU DOGME. Histoire de l'Im-
maculée Conception. 1 vol. in-18. 3 »

GUSTAVE PLANCHE
ÉTUDES LITTÉRAIRES. 1 v. gr. in-18. 5 »

LE DOCTEUR RAULAND
LE LIVRE DES ÉPOUX. Guide pour
la guérison de l'impuissance, de
la stérilité et de toutes les maladies
des organes génitaux. 1 f. v.g.in-18 4 »

ERNEST RENAN
JÉSUS. 1 vol. in-32. . . . . . . 1 25

MARY-ELIZA ROGERS
LA VIE DOMESTIQUE EN PALESTINE.
1 vol. gr. in-18. . . . . 3 50

***
MÉMOIRES D'UN PROTESTANT condamné
aux galères de France pour cause de
religion. 1 vol. 3 50

LE ROI LOUIS-PHILIPPE
MON JOURNAL. Evénements de 1815.
2 vol. grand in-18. . . . . . . 10 »

LE Dr FÉLIX ROUBAUD
LA DANSE DES TABLES. Phénomènes
physiologiques démontrés, avec gra-
vure explicative. 2ᵉ édit.1 v. in-18. 1 »

WARNER
SCHAMYL. 1 vol. in-18 . . . . . . 2 »

ÉTUDES CONTEMPORAINES (Format in-18)

ÉDOUARD DELPRAT
L'ADMINISTRATION DE LA PRESSE 1 v. 1 »

A. GERMAIN
MARTYROLOGE DE LA PRESSE. 1 vol. . 2 50

LE COMTE D'HAUSSONVILLE
LETTRE AU SÉNAT. 1 vol. . . . . . »

LÉONCE DE LAVERGNE
LA CONSTITUTION DE 1852 ET LE DÉ-
CRET DU 24 NOVEMBRE. 1 vol. . . 1 »

ED. DE SONNIER
LES DROITS POLITIQUES DANS LES
ÉLECTIONS. — Manuel de l'Élec-
teur et du Candidat. 1 vol. . . . 1 »

***
LA LIBERTÉ RELIGIEUSE ET LA LÉ-
GISLATION ACTUELLE. 1 vol. . . . 1 »

COLLECTION MICHEL LÉVY
ET BIBLIOTHÈQUE DE LA LIBRAIRIE NOUVELLE
1 franc le volume grand in-18 de 300 à 400 pages

AMÉDÉE ACHARD — vol.
BRUNES ET BLONDES. 1
LA CHASSE ROYALE. 2
LES DERNIÈRES MARQUISES. 1
LES FEMMES HONNÊTES. 1
PARISIENNES ET PROVINCIALES. . 1
LES PETITS-FILS DE LOVELACE. . . 1
LES RÊVEURS DE PARIS. 1
LA ROBE DE NESSUS. 1

ACHIM D'ARNIM (Tr. Th. Gautier fils)
CONTES BIZARRES 1

ADOLPHE ADAM
SOUVENIRS D'UN MUSICIEN. 1
DERNIERS SOUVENIRS D'UN MUSICIEN. 1

W.-H. AINSWORTH (Trad. H. Revoil)
LE GENTILHOMME DES GRANDES ROUTES. 2

***
MADAME LA DUCHESSE D'ORLÉANS, HÉ-
LÈNE DE MECKLEMBOURG-SCHWERIN. 1

ALFRED ASSOLLANT
HISTOIRE FANTASTIQUE DE PIERROT. 1

ÉMILE AUGIER de l'Acad. française
POÉSIES COMPLÈTES 1

LE DUC D'AUMALE
INSTITUTIONS MILITAIRES DE LA FRANCE 1
LES ZOUAVES ET LES CHASSEURS A PIED. 1

J. AUTRAN de l'Acad. française.
MILIANAH. Épisode des guer. d'Afrique. 1

H. DE BALZAC
THÉÂTRE COMPLET. 2

THÉODORE DE BANVILLE
ODES FUNAMBULESQUES 1

J. BARBEY D'AUREVILLY
L'ENSORCELÉE. 1

ODYSSE BAROT
HISTOIRE DES IDÉES AU XIXᵉ SIÈCLE. —
ÉM. DE GIRARDIN, sa vie, ses idées, etc. 1

Mme DE BASSANVILLE
LES SECRETS D'UNE JEUNE FILLE. . 1

BEAUMARCHAIS
THÉÂTRE, avec Notice sur sa vie et ses
ouvrages, par Louis de Loménie. 1

GUSTAVE DE BEAUMONT
L'IRLANDE SOCIALE, POLITIQUE ET RELIG. 2

ROGER DE BEAUVOIR
AVENTURIÈRES ET COURTISANES. . 1
LE CABARET DES MORTS. 1
LE CHEVALIER DE CHARNY. 1
LE CHEVALIER DE SAINT-GEORGES. 1
L'ÉCOLIER DE CLUNY. 1

ROGER DE BEAUVOIR (suite) vol.
HISTOIRES CAVALIÈRES. 1
LA LESCOMBAT 1
MADEMOISELLE DE CHOISY. 1
LE MOULIN D'HEILLY. 1
LE PAUVRE DIABLE. 1
LES SOIRÉES DU LIDO. 1
LES TROIS ROHAN. 1

Mme ROGER DE BEAUVOIR
CONFIDENCES DE Mlle MARS. . . . 1
SOUS LE MASQUE. 1

HENRI BÉCHADE
LA CHASSE EN ALGÉRIE. 1

Mme BEECHER STOWE
CASE DE L'ONCLE TOM. (Trad. Pilatte) 2
SOUVENIRS HEUREUX. (Trad. Forcade). 3

LA PRINCESSE DE BELGIOJOSO
ASIE MINEURE ET SYRIE. 1

GEORGES BELL
SCÈNES DE LA VIE DE CHATEAU. . 1

BENJAMIN CONSTANT
ADOLPHE, avec notice de Sainte-Beuve. 1

A. DE BERNARD
LE PORTRAIT DE LA MARQUISE. . 1

CHARLES DE BERNARD
LES AILES D'ICARE. 1
UN BEAU-PÈRE. 2
L'ÉCUEIL. 1
LE GENTILHOMME CAMPAGNARD. . 2
GERFAUT. 1
UN HOMME SÉRIEUX. 1
LE NŒUD GORDIEN. 1
LE PARATONNERRE. 1
LE PARAVENT. 1
PEAU DU LION ET CHASSE AUX AMANTS. 1

BERNARDIN DE SAINT-PIERRE
PAUL ET VIRGINIE — Précédé d'un
essai par Prevost-Paradol. 1

ÉLIE BERTHET
LA BASTIDE ROUGE. 1
LES CHAUFFEURS. 1
LE DERNIER IRLANDAIS 1
LA ROCHE TREMBLANTE 1

EUGÈNE BERTHOUD
SECRETS DE FEMME. 1

CAROLINE BERTON
ROSETTE 1

***
HOMMES DU JOUR. 1
LES SALONS DE VIENNE ET DE BERLIN. 1

CH. DE BOIGNE
LES PETITS MÉMOIRES DE L'OPÉRA. 1

LOUIS BOUILHET
MELAENIS, conte romain 1

RAOUL BRAVARD
	vol.
L'HONNEUR DES FEMMES	1
UNE PETITE VILLE	1
LA REVANCHE DE GEORGES DANDIN	1

A. DE BRÉHAT
L'AMOUR AU NOUVEAU-MONDE	1
LES AMOURS D'UNE NOBLE DAME	1
LA CABANE DU SABOTIER	1
LES CHASSEURS D'HOMMES	1
LE CHATEAU DE VILLEBON	1
UN DRAME A CALCUTTA	1
UN DRAME A TROUVILLE	1
LES ORPHELINS DE TRÉGUÉREC	1
SCÈNES DE LA VIE CONTEMPORAINE	1

BRILLAT-SAVARIN
PHYSIOLOGIE DU GOÛT. *Nouv. édition.*	1

MAX BUCHON
EN PROVINCE	1

E.-L. BULWER Trad. *Amédée Pichot*
LA FAMILLE CAXTON	2
LE JOUR ET LA NUIT	2

ÉMILIE CARLEN Trad. *Souvestre*
DEUX JEUNES FEMMES	1

ÉMILE CARREY
L'AMAZONE. HUIT JOURS SOUS L'ÉQUATEUR.	1
— LES RÉVOLTÉS DU PARA.	1

HIPPOLYTE CASTILLE
HISTOIRES DE MÉNAGE	1

CHAMPFLEURY
LES BOURGEOIS DE MOLINCHART	1
CHIEN-CAILLOU	1
LES EXCENTRIQUES	1
M. DE BOISDHYVER	1
LE RÉALISME	1
LES SENSATIONS DE JOSQUIN	1
SOUVENIRS DES FUNAMBULES	1
LA SUCCESSION LE CAMUS	1

F. DE CHATEAUBRIAND
ATALA — RENÉ — LE DERNIER ABENCÉRAGE, avec avant-propos de *M. Ste-Beuve.*	1
LE GÉNIE DU CHRISTIANISME, avec un avant-propos de *M. Guizot.*	2
ITINÉRAIRE DE PARIS A JÉRUSALEM, avec une Étude de *M. de Pontmartin.*	2
LES MARTYRS, avec un essai d'*Ampère.*	2
LES NATCHEZ, avec un essai du *Prince Albert de Broglie.*	2
LE PARADIS PERDU de *Milton,* trad. préc. d'une étude de *M. John Lemoinne.*	1

ÉMILE CHEVALIER
LES DERNIERS IROQUOIS	1
LA HURONNE	1
LES NEZ-PERCÉS	1
PEAUX-ROUGES ET PEAUX-BLANCHES	1
LES PIEDS-NOIRS	1
POIGNET-D'ACIER	1
LA TÊTE-PLATE	1

GUSTAVE CLAUDIN
POINT ET VIRGULE	1

Mme LOUISE COLET
QUARANTE-CINQ LETTRES DE BÉRANGER	1

HENRI CONSCIENCE
L'ANNÉE DES MERVEILLES	1
AURÉLIEN	2
BATAVIA	1
LES BOURGEOIS DE DARLINGEN	1
LE CHEMIN DE LA FORTUNE	1
LE CONSCRIT	1
LE COUREUR DES GRÈVES	1
LE DÉMON DE L'ARGENT	1
LE DÉMON DU JEU	1
LES DRAMES FLAMANDS	1
L'ENFANT VOLÉ	1
LA FIANCÉE DU MAITRE D'ÉCOLE	1
LE FLÉAU DU VILLAGE	1
LE GENTILHOMME PAUVRE	1
LA GUERRE DES PAYSANS	1
HEURES DU SOIR	1
HISTOIRE DE DEUX ENFANTS D'OUVRIERS	1
LE JEUNE DOCTEUR	1
LE LION DE FLANDRE	2
MAITRE VALENTIN	1
LE MAL DU SIÈCLE	1
LE MARCHAND D'ANVERS	1
LE MARTYRE D'UNE MÈRE	1
LA MÈRE JOB	1
L'ONCLE RAIMOND	1
L'ORPHELINE	1
LE PAYS DE L'OR	1
LE SANG HUMAIN	1
SCÈNES DE LA VIE FLAMANDE	2
SOUVENIRS DE JEUNESSE	1
LA TOMBE DE FER	1
LE TRIBUN DE GAND	2
LES VEILLÉES FLAMANDES	1

H. CORNÉ
SOUVENIRS D'UN PROSCRIT POLONAIS	1

P. CORNEILLE
ŒUVRES, avec notice de *Sainte-Beuve.*	2

LA COMTESSE DASH
UN AMOUR COUPABLE	1
LES AMOURS DE LA BELLE AURORE	2
LES BALS MASQUÉS	1
LA BELLE PARISIENNE	1
LA CHAINE D'OR	1
LA CHAMBRE BLEUE	1
LE CHATEAU DE LA ROCHE-SANGLANTE	1
LES CHATEAUX EN AFRIQUE	1
LA DAME DU CHATEAU MURÉ	1
LA DERNIÈRE EXPIATION	2
LA DUCHESSE D'ÉPONNES	1
LA DUCHESSE DE LAUZUN	3
LA FEMME DE L'AVEUGLE	1
LES FOLIES DU CŒUR	1
LE FRUIT DÉFENDU	1
LES GALANTERIES DE LA COUR DE LOUIS XV	
— LA RÉGENCE	1
— LA JEUNESSE DE LOUIS XV	1
— LES MAITRESSES DU ROI	1
— LE PARC AUX CERFS	1
LE JEU DE LA REINE	1
LA JOLIE BOHÉMIENNE	1
LES LIONS DE PARIS	1
MADAME LOUISE DE FRANCE	1
MADAME DE LA SABLIÈRE	1
MADEMOISELLE DE LA TOUR DU PIN	1
LA MAIN GAUCHE ET LA MAIN DROITE	1
LA MARQUISE DE PARABÈRE	1
LA MARQUISE SANGLANTE	1
LE NEUF DE PIQUE	1
LA POUDRE ET LA NEIGE	1
LA PRINCESSE DE CONTI	1
UN PROCÈS CRIMINEL	1
UNE RIVALE DE LA POMPADOUR	1
LE SALON DU DIABLE	1
LES SECRETS D'UNE SORCIÈRE	2
LA SORCIÈRE DU ROI	1
LES SOUPERS DE LA RÉGENCE	2
LES SUITES D'UNE FAUTE	1
TROIS AMOURS	1

COLLECTION MICHEL LÉVY. — 1 FR. LE VOLUME.

LE GÉNÉRAL DAUMAS — vol.
- LE GRAND DÉSERT 1

E.-J. DELÉCLUZE
- DONA OLYMPIA 1
- MADEMOISELLE JUSTINE DE LIRON . . 1
- LA PREMIÈRE COMMUNION 1

ÉDOUARD DELESSERT
- VOYAGE AUX VILLES MAUDITES 1

PAUL DELTUF
- AVENTURES PARISIENNES 1
- LES PETITS MALHEURS D'UNE JEUNE FEMME 1

CHARLES DICKENS Trad. Am. Pichot
- CONTES DE NOEL 1
- CONTES POUR LE JOUR DES ROIS . . . 1
- HISTORIETTES ET RÉCITS DU FOYER . . 1
- LE NEVEU DE MA TANTE 2

OCTAVE DIDIER
- UNE FILLE DE ROI 1
- MADAME GEORGES 1

MAXIME DU CAMP
- LE SALON DE 1857 1
- LES SIX AVENTURES 1

ALEXANDRE DUMAS
- ACTÉ 1
- AMAURY 1
- ANGE PITOU 2
- ASCANIO 2
- UNE AVENTURE D'AMOUR 1
- AVENTURES DE JOHN DAVYS 4
- LES BALEINIERS 2
- LE BATARD DE MAULÉON 3
- BLACK 1
- LES BLANCS ET LES BLEUS 3
- LA BOUILLIE DE LA COMTESSE BERTHE 1
- LA BOULE DE NEIGE 1
- BRIC-A-BRAC 2
- UN CADET DE FAMILLE 3
- LE CAPITAINE PAMPHILE 1
- LE CAPITAINE PAUL 1
- LE CAPITAINE RICHARD 1
- CATHERINE BLUM 1
- CAUSERIES 2
- CÉCILE 1
- CHARLES LE TÉMÉRAIRE 1
- LE CHASSEUR DE SAUVAGINE 1
- LE CHATEAU D'EPPSTEIN 2
- LE CHEVALIER D'HARMENTAL 2
- LE CHEVALIER DE MAISON-ROUGE . . . 2
- LE COLLIER DE LA REINE 3
- LA COLOMBE. Maître Adam le Calabrais 1
- LE COMTE DE MONTE-CRISTO 6
- LA COMTESSE DE CHARNY 6
- LA COMTESSE DE SALISBURY 1
- LES COMPAGNONS DE JÉHU 3
- LES CONFESSIONS DE LA MARQUISE . . 2
- CONSCIENCE L'INNOCENT 1
- LA DAME DE MONSOREAU 3
- LA DAME DE VOLUPTÉ 1
- LES DEUX DIANE 3
- LES DEUX REINES 2
- DIEU DISPOSE 2
- LE DRAME DE 93 4
- LES DRAMES DE LA MER 1
- LES DRAMES GALANTS — LA MARQ. D'ESCOMAN 1
- LA FEMME AU COLLIER DE VELOURS . . 2
- FERNANDE 1
- UNE FILLE DU RÉGENT 1

ALEXANDRE DUMAS (Suite) — vol.
- LE FILS DU FORÇAT 1
- LES FRÈRES CORSES 1
- GABRIEL LAMBERT 1
- LES GARIBALDIENS 1
- GAULE ET FRANCE 1
- GEORGES 1
- UN GIL BLAS EN CALIFORNIE 1
- LES GRANDS HOMMES EN ROBE DE CHAMBRE — CÉSAR 2
- —HENRI IV — LOUIS XIII ET RICHELIEU 2
- LA GUERRE DES FEMMES 2
- HISTOIRE D'UN CASSE-NOISETTE . . . 1
- LES HOMMES DE FER 1
- L'HOROSCOPE 1
- L'ILE DE FEU 2
- IMPRESSIONS DE VOYAGE — EN SUISSE 3
- — EN RUSSIE 4
- — UNE ANNÉE A FLORENCE 1
- — L'ARABIE HEUREUSE 3
- — LES BORDS DU RHIN 2
- — LE CAPITAINE ARÉNA 2
- — LE CAUCASE 1
- — LE CORRICOLO 2
- — LE MIDI DE LA FRANCE 2
- — DE PARIS A CADIX 2
- — QUINZE JOURS AU SINAI 2
- — LE SPERONARE 2
- — LE VÉLOCE 2
- — LA VILLA PALMIERI 1
- INGÉNUE 2
- ISABEL DE BAVIÈRE 2
- ITALIENS ET FLAMANDS 2
- IVANHOE de W. Scott (Traduction) . 2
- JACQUES ORTIS 1
- JANE 1
- JEHANNE LA PUCELLE 1
- LOUIS XIV ET SON SIÈCLE 4
- LOUIS XV ET SA COUR 2
- LOUIS XVI ET LA RÉVOLUTION 2
- LES LOUVES DE MACHECOUL 3
- MADAME DE CHAMBLAY 2
- LA MAISON DE GLACE 2
- LE MAITRE D'ARMES 1
- LES MARIAGES DU PÈRE OLIFUS . . . 1
- LES MÉDICIS 1
- MES MÉMOIRES 10
- MÉMOIRES DE GARIBALDI 2
- MÉMOIRES D'UNE AVEUGLE 2
- MÉMOIRES D'UN MÉDECIN (BALSAMO) . 5
- LE MENEUR DE LOUPS 1
- LES MILLE ET UN FANTOMES 1
- LES MOHICANS DE PARIS 4
- LES MORTS VONT VITE 2
- NAPOLÉON 1
- UNE NUIT A FLORENCE 1
- OLYMPE DE CLÈVES 3
- LE PAGE DU DUC DE SAVOIE 2
- PARISIENS ET PROVINCIAUX 2
- LE PASTEUR D'ASHBOURN 1
- PAULINE ET PASCAL BRUNO 1
- UN PAYS INCONNU 1
- LE PÈRE GIGOGNE 1
- LE PÈRE LA RUINE 1
- LA PRINCESSE DE MONACO 1
- LA PRINCESSE FLORA 1
- LES QUARANTE-CINQ 3
- LA RÉGENCE 1

ALEXANDRE DUMAS (Suite)
vol.
- LA REINE MARGOT. 3
- LA ROUTE DE VARENNES. 2
- LE SALTÉADOR. 1
- SALVATOR. 5
- SOUVENIRS D'ANTONY. 1
- LES STUARTS. 1
- SULTANETTA. 1
- SYLVANDIRE. 1
- LA TERREUR PRUSSIENNE. 2
- LE TESTAMENT DE M. CHAUVELIN. . 1
- TROIS MAÎTRES. 2
- LES TROIS MOUSQUETAIRES. 4
- LE TROU DE L'ENFER. 2
- LA TULIPE NOIRE. 1
- LE VICOMTE DE BRAGELONNE. . . . 6
- LA VIE AU DÉSERT. 1
- UNE VIE D'ARTISTE. 2
- VINGT ANS APRÈS. 3

ALEXANDRE DUMAS FILS
- ANTONINE. 1
- AVENTURES DE QUATRE FEMMES. . . 4
- LA BOITE D'ARGENT. 1
- LA DAME AUX CAMÉLIAS. 1
- LA DAME AUX PERLES. 2
- DIANE DE LYS. 1
- LE DOCTEUR SERVANS. 1
- LE RÉGENT MUSTEL. 1
- LE ROMAN D'UNE FEMME. 1
- SOPHIE PRINTEMS. 1
- TRISTAN LE ROUX. 1
- TROIS HOMMES FORTS. 1
- LA VIE A VINGT ANS. 1

MISS EDGEWORTH Trad. Jousselin
- DEMAIN. 1

GABRIEL D'ENTRAGUES
- HISTOIRES D'AMOUR ET D'ARGENT. . 1

ERCKMANN-CHATRIAN
- L'ILLUSTRE DOCTEUR MATHÉUS. . . 1

XAVIER EYMA
- AVENTURIERS ET CORSAIRES. . . . 1
- LES FEMMES DU NOUVEAU-MONDE. . . 1
- LES PEAUX-ROUGES. 1
- LE ROI DES TROPIQUES. 1
- LE TRÔNE D'ARGENT. 1

PAUL FÉVAL
- ALIZIA PAULI. 1
- LES AMOURS DE PARIS. 2
- BLANCHEFLEUR. 1
- LE BOSSU OU LE PETIT PARISIEN. . 3
- LE CAPITAINE SIMON. 1
- LES COMPAGNONS DU SILENCE. . . . 3
- LES DERNIÈRES FÉES. 1
- LES FANFARONS DU ROI. 1
- LE FILS DU DIABLE. 4
- LES NUITS DE PARIS. 1
- LA REINE DES ÉPÉES. 1

GUSTAVE FLAUBERT
- MADAME BOVARY. 2

PAUL FOUCHER
- LA VIE DE PLAISIR. 1

FOURNIER ET ARNOULD
- STACENSIE. 1

ARNOULD FRÉMY
vol.
- LES CONFESSIONS D'UN BOHÉMIEN. . 1

SALOPPE D'ONQUAIRE
- LE DIABLE BOITEUX AU CHATEAU. . 1
- LE DIABLE BOITEUX A PARIS. . . . 1
- LE DIABLE BOITEUX EN PROVINCE. . 1
- LE DIABLE BOITEUX AU VILLAGE. . 1

THÉOPHILE GAUTIER
- CONSTANTINOPLE. 1
- LES GROTESQUES. 1

SOPHIE GAY
- ANATOLE. 1
- LE COMTE DE GUICHE. 1
- LA COMTESSE D'EGMONT. 1
- LA DUCHESSE DE CHATEAUROUX. . . 1
- ELLÉNORE. 2
- LE FAUX FRÈRE. 1
- LAURE D'ESTELL. 1
- LÉONIE DE MONTBREUSE. 1
- LES MALHEURS D'UN AMANT HEUREUX. 1
- UN MARIAGE SOUS L'EMPIRE. . . . 1
- LE MARI CONFIDENT. 1
- MARIE DE MANCINI. 1
- MARIE-LOUISE D'ORLÉANS. 1
- LE MOQUEUR AMOUREUX. 1
- PHYSIOLOGIE DU RIDICULE. 1
- SALONS CÉLÈBRES. 1
- SOUVENIRS D'UNE VIEILLE FEMME. . 1

JULES GÉRARD
- LA CHASSE AU LION. Dessins de G. Doré. 1

GÉRARD DE NERVAL
- LA BOHÊME GALANTE. 1
- LES FILLES DU FEU. 1
- LE MARQUIS DE FAYOLLE. 1
- SOUVENIRS D'ALLEMAGNE. 1

ÉMILE DE GIRARDIN
- ÉMILE. 1

Mme ÉMILE DE GIRARDIN
- LA CANNE DE M. DE BALZAC. . . . 1
- CONTES D'UNE VIEILLE FILLE. . . 1
- LA CROIX DE BERNY (en société avec Th. Gautier, Méry et Jules Sandeau). 1
- IL NE FAUT PAS JOUER AVEC LA DOULEUR 1
- LE LORGNON. 1
- MARGUERITE. 1
- M. LE MARQUIS DE PONTANGES. . . 1
- NOUVELLES. 1
- POÉSIES COMPLÈTES. 1
- LE VICOMTE DE LAUNAY. Lettres parisiennes. Édition complète. . . . 4

W. GODWIN (Trad. A. Pichot)
- CALEB WILLIAMS. 2

GŒTHE (Trad. N. Fournier)
- HERMANN ET DOROTHÉE. 1
- WERTHER, avec notice, d'H. Heine 1

COLLECTION MICHEL LÉVY. — 1 FR. LE VOLUME.

OL. GOLDSMITH (Tr. N. Fournier) vol.
LE VICAIRE DE WAKEFIELD, avec étude de lord Macaulay, trad. G. Guizot . . 1

LÉON GOZLAN
BALZAC CHEZ LUI 1
LE BARIL DE POUDRE D'OR 1
LA COMÉDIE ET LES COMÉDIENS . . 1
LA DERNIÈRE SŒUR GRISE 1
LA FOLLE DU LOGIS 1
HISTOIRE D'UN DIAMANT 1
LE NOTAIRE DE CHANTILLY 1

Mme MANOEL DE GRANDFORT
L'AUTRE MONDE 1
L'AMOUR AUX CHAMPS 1

M. GUIZOT
LA FRANCE ET LA PRUSSE 1

LÉON HILAIRE
NOUVELLES FANTAISISTES 1

HILDEBRAND (Traduct. L. Wocquier)
LA CHAMBRE OBSCURE 1
SCÈNES DE LA VIE HOLLANDAISE . . 1

ARSÈNE HOUSSAYE
L'AMOUR COMME IL EST 1
LES FEMMES COMME ELLES SONT . 1
LA VERTU DE ROSINE 1

CHARLES HUGO
LA CHAISE DE PAILLE 1

F. VICTOR HUGO (Traducteur)
LE FAUST ANGLAIS de Marlowe . . . 1
SONNETS de Shakspeare 1

F. HUGONNET
SOUV. D'UN CHEF DE BUREAU ARABE 1

JULES JANIN
L'ANE MORT 1
LE CHEMIN DE TRAVERSE 1
LA CONFESSION 1

CHARLES JOBEY
L'AMOUR D'UN NÈGRE 1

PAUL JUILLERAT
LES DEUX BALCONS 1

ALPHONSE KARR
AGATHE ET CÉCILE 1
LE CHEMIN LE PLUS COURT 1
CLOTILDE 1
CLOVIS GOSSELIN 1
CONTES ET NOUVELLES 1
ENCORE LES FEMMES 1
LES FEMMES 1
LA FAMILLE ALAIN 1

ALPHONSE KARR (Suite) vol.
FEU BRESSIER 1
LES FLEURS 1
GENEVIÈVE 1
LES GUÊPES 6
HISTOIRE DE ROSE ET JEAN DUCUEMIN 1
HORTENSE 1
MENUS PROPOS 1
MIDI A QUATORZE HEURES 1
LA PÊCHE EN EAU DOUCE ET EN EAU SALÉE 1
LA PÉNÉLOPE NORMANDE 1
UNE POIGNÉE DE VÉRITÉS 1
PROMENADES HORS DE MON JARDIN 1
RAOUL 1
ROSES NOIRES ET ROSES BLEUES . 1
LES SOIRÉES DE SAINTE-ADRESSE . 1
SOUS LES ORANGERS 1
SOUS LES TILLEULS 1
TROIS CENTS PAGES 1
UNE HEURE TROP TARD 1
VOYAGE AUTOUR DE MON JARDIN . 1

KAUFFMANN
BRILLAT LE MENUISIER 1

LÉOPOLD KOMPERT (Tr. D. Stauben)
LES JUIFS DE LA BOHÊME 1
SCÈNES DU GHETTO 1

DE LACRETELLE
LA POSTE AUX CHEVAUX 1

Mme LAFARGE, née Marie Cappelle
HEURES DE PRISON 1
MÉMOIRES 1

CHARLES LAFONT
LES LÉGENDES DE LA CHARITÉ . . . 1

G. DE LA LANDELLE
LES PASSAGÈRES 1

STEPHEN DE LA MADELAINE
LE SECRET D'UNE RENOMMÉE . . . 1

JULES DE LA MADELÈNE
LES AMES EN PEINE 1
LE MARQUIS DES SAFFRAS 1

A. DE LAMARTINE
ANTAR 1
BALZAC ET SES ŒUVRES 1
BENVENUTO CELLINI 1
BOSSUET 1
CHRISTOPHE COLOMB 1
CICÉRON 1
LES CONFIDENCES 1
LE CONSEILLER DU PEUPLE 6
CROMWELL 1
FÉNELON 1
LES FOYERS DU PEUPLE 2
GENEVIÈVE, Histoire d'une servante 1
GUILLAUME TELL 1
HÉLOÏSE ET ABÉLARD 1
HOMÈRE ET SOCRATE 1
JACQUARD — GUTENBERG 1

A. DE LAMARTINE (Suite)

	vol.
JEAN-JACQUES ROUSSEAU	1
JEANNE D'ARC	1
Mme DE SÉVIGNÉ	1
NELSON	1
RÉGINA	1
RUSTEM	1
TOUSSAINT LOUVERTURE	1
VIE DU TASSE	1

L'ABBÉ DE LAMENNAIS

LE LIVRE DU PEUPLE, avec une étude de M. Ernest Renan . . . 1
PAROLES D'UN CROYANT, avec une étude de M. Sainte-Beuve . . . 1

VICTOR DE LAPRADE

PSYCHÉ . . . 1
LES SYMPHONIES — Idylles héroïques . . . 1

CHARLES DE LA ROUNAT

LA COMÉDIE DE L'AMOUR . . . 1

H. DE LATOUCHE

ADRIENNE	1
AYMAR	1
CLÉMENT XIV ET CARLO BERTINAZZI	1
FRAGOLETTA	1
FRANCE ET MARIE	1
GRANGENEUVE	1
LÉO	1
UN MIRAGE	1
OLIVIER BROSSON	1
LE PETIT PIERRE	1
LA VALLÉE AUX LOUPS	1

THÉOPHILE LAVALLÉE

HISTOIRE DE PARIS . . . 2

CHARLES LAVOLLÉE

LA CHINE CONTEMPORAINE . . . 1

CARLE LEDHUY

LE CAPITAINE D'AVENTURES . . . 1
LE FILS MAUDIT . . . 1
LA NUIT TERRIBLE . . . 1

LOUIS LURINE

ICI L'ON AIME . . . 1

CHARLES MAGNIN

HISTOIRE DES MARIONNETTES . . . 1

FÉLICIEN MALLEFILLE

LE CAPITAINE LAROSE . . . 1
MARCEL . . . 1
MÉMOIRES DE DON JUAN . . . 1
MONSIEUR CORBEAU . . . 1

LE COMTE DE MARCELLUS

CHANTS POPULAIRES DE LA GRÈCE MODERNE . . . 1

CH. MARCOTTE DE QUIVIÈRES

DEUX ANS EN AFRIQUE . . . 1

MARIVAUX

THÉÂTRE. Av. notice de P. de St-Victor . 1

X. MARMIER

AU BORD DE LA NÉVA . . . 1
LES DRAMES INTIMES . . . 1
EN CHEMIN DE FER . . . 1
UNE GRANDE DAME RUSSE . . . 1
HISTOIRES ALLEMANDES ET SCANDINAVES . . . 1

LE DOCTEUR FÉLIX MAYNARD

UN DRAME DANS LES MERS BORÉALES . . . 1
JOURNAL D'UNE DAME ANGLAISE . . . 1
VOYAGES ET AVENTURES AU CHILI . . . 1

LE CAPITAINE MAYNE-REID

Traduction Allyre Bureau

LES CHASSEURS DE CHEVELURES . . . 1

MÉRY

UN AMOUR DANS L'AVENIR	1
ANDRÉ CHÉNIER	1
LA CHASSE AU CHASTRE	1
LE CHATEAU DES TROIS TOURS	1
LE CHATEAU VERT	1
UNE CONSPIRATION AU LOUVRE	1
LES DAMNÉS DE L'INDE	1
UNE HISTOIRE DE FAMILLE	1
UN HOMME HEUREUX	1
LES NUITS ANGLAISES	1
LES NUITS ITALIENNES	1
LES NUITS D'ORIENT	1
UNE NUIT DU MIDI	1
SALONS ET SOUTERRAINS DE PARIS	1
LE TRANSPORTÉ	1
TRAFALGAR	1
LA VIE FANTASTIQUE	1

PAUL MEURICE

LES TYRANS DE VILLAGE . . . 1

EUGÈNE DE MIRECOURT

MASANIELLO, LE PÊCHEUR DE NAPLES . . . 1

PAUL DE MOLÈNES

AVENTURES DU TEMPS PASSÉ . . . 1
CARACTÈRES ET RÉCITS DU TEMPS . . . 1
CHRONIQUES CONTEMPORAINES . . . 1
HISTOIRES INTIMES . . . 1
HISTOIRES SENTIMENTALES ET MILITAIRES . . . 1
MÉM. D'UN GENTILH. DU SIÈCLE DERNIER . . . 1

MOLIÈRE

ŒUVRES COMPLÈTES. — *Nouvelle édition* publiée par *Philarète Chasles* . . . 5

Mme MOLINOS-LAFITTE

L'ÉDUCATION DU FOYER . . . 1

HENRY MONNIER

MÉMOIRES DE M. JOSEPH PRUDHOMME . . . 2

CHARLES MONSELET

LES FEMMES QUI FONT DES SCÈNES . . . 1
V. DE CUPIDON . . . 1

LE COMTE DE MONTALIVET

MES 18 années de gouvernement parlementaire. 3e *édition* . . . 1

LE COMTE DE MOYNIER

BOHÉMIENS ET GRANDS SEIGNEURS . . . 1

HÉGÉSIPPE MOREAU

ŒUVRES, avec notice par *L. Ratisbonne* . 1

FÉLIX MORNAND

BERNERETTE . . . 1
LA VIE ARABE . . . 1

HENRY MURGER

LES BUVEURS D'EAU	1
LE DERNIER RENDEZ-VOUS	1
MADAME OLYMPE	1
LE PAYS LATIN	1
PROPOS DE VILLE ET PROPOS DE THÉATRE	1
LE ROMAN DE TOUTES LES FEMMES	1
LE SABOT ROUGE	1
SCÈNES DE CAMPAGNE	1
SCÈNES DE LA VIE DE BOHÈME	1
SCÈNES DE LA VIE DE JEUNESSE	1
LES VACANCES DE CAMILLE	1

COLLECTION MICHEL LÉVY. — 1 FR. LE VOLUME.

A. DE MUSSET, DE BALZAC, G. SAND vol.
LES PARISIENNES A PARIS 1

PAUL DE MUSSET
LA BAYOLETTE 1
PUYLAURENS 1

NADAR
LE MIROIR AUX ALOUETTES 1
QUAND J'ÉTAIS ÉTUDIANT 1

HENRI NICOLLE
LE TUEUR DE MOUCHES 1

JULES NORIAC
MADEMOISELLE POUCET 1

ÉDOUARD OURLIAC
LES GARNACHES 1

THÉODORE PAVIE
RÉCITS DE TERRE ET DE MER 1

PAUL PERRET
LES BOURGEOIS DE CAMPAGNE 1
HISTOIRE D'UNE JOLIE FEMME 1

LAURENT PICHAT
LA PAÏENNE 1

AMÉDÉE PICHOT
LE CHEVAL ROUGE 1
UN DRAME EN HONGRIE 1
L'ÉCOLIER DE WALTER SCOTT 1
LA FEMME DU CONDAMNÉ 1
LES PORTES IVOIRE 1

EDGAR POE (trad. Ch. Baudelaire.)
AVENTURES D'ARTHUR GORDON PYM . . 1
HISTOIRES EXTRAORDINAIRES 1
NOUVELLES HISTOIRES EXTRAORDINAIRES 1

F. PONSARD
ÉTUDES ANTIQUES 1

A. DE PONTMARTIN
CONTES D'UN PLANTEUR DE CHOUX . . 1
CONTES ET NOUVELLES 1
LA FIN DU PROCÈS 1
MÉMOIRES D'UN NOTAIRE 1
OR ET CLINQUANT 1
POURQUOI JE RESTE A LA CAMPAGNE . 1

L'ABBÉ PRÉVOST
MANON LESCAUT, précédée d'une Étude par John Lemoinne 1

ANNE RADCLIFFE (trad. N. Fournier)
LA FORÊT OU L'ABBAYE DE SAINT-CLAIR 1
L'ITALIEN OU LE CONFESSIONNAL DES PÉNITENTS NOIRS 1
JULIA OU LES SOUTERRAINS DU CHATEAU DE MAZZINI 1
LES MYSTÈRES DU CHATEAU D'UDOLPHE. 2
LES VISIONS DU CHATEAU DES PYRÉNÉES 1

RAOUSSET-BOULBON
UNE CONVERSION 1

B.-H. REVOIL Traducteur
LE DOCTEUR AMÉRICAIN 1
LES HAREMS DU NOUVEAU-MONDE . . . 1

LOUIS REYBAUD
CE QU'ON PEUT VOIR DANS UNE RUE . 1
CÉSAR FALEMPIN 1
LA COMTESSE DE MABLÉON 1
LE COQ DU CLOCHER 1

LOUIS REYBAUD (suite) vol.
LE DERNIER DES COMMIS-VOYAGEURS . 1
ÉDOUARD MONGERON 1
L'INDUSTRIE EN EUROPE 1
JÉRÔME PATUROT à la recherche de la meilleure des Républiques 1
JÉRÔME PATUROT à la recherche d'une position sociale 1
MARIE BRONYN 1
MATHIAS L'HUMORISTE 1
PIERRE MOUTON 1
LA VIE A REBOURS 1
LA VIE DE CORSAIRE 1

W. REYNOLDS
LES DRAMES DE LONDRES
— LES FRÈRES DE LA RÉSURRECTION . 1
— LA TAVERNE DU DIABLE 1
— LES MYSTÈRES DU CABINET NOIR . 1
— LES MALHEURS D'UNE JEUNE FILLE 1
— LE SECRET DU RESSUSCITÉ 1
— LE FILS DU BOURREAU 1
— LES PIRATES DE LA TAMISE . . . 1
— LES DEUX MISÉRABLES 1
— LES RUINES DU CHATEAU DE RAWENSWORTH 1

RÉGINA ROCHE (Trad. N. Fournier)
LA CHAPELLE DU VIEUX CHATEAU . . 1

HIPPOLYTE RODRIGUES
LES TROIS FILLES DE LA BIBLE . . . 1

AMÉDÉE ROLLAND
LES MARTYRS DU FOYER 1

JEAN ROUSSEAU
PARIS DANSANT 1

JULES DE SAINT-FÉLIX
LE GANT DE DIANE 1
MADEMOISELLE ROSALINDE 1
SCÈNES DE LA VIE DE GENTILHOMME . 1

GEORGE SAND
ADRIANI 1
LES AMOURS DE L'AGE D'OR 1
LES BEAUX MESSIEURS DE BOIS-DORÉ 2
LE CHATEAU DES DÉSERTES 1
LE COMPAGNON DU TOUR DE FRANCE . 2
LA COMTESSE DE RUDOLSTADT 3
CONSUELO 3
LES DAMES VERTES 1
LA DANIELLA 2
LE DIABLE AUX CHAMPS 1
LA FILLEULE 1
FLAVIE 1
HISTOIRE DE MA VIE 10
L'HOMME DE NEIGE 3
HORACE 1
ISIDORA 1
JEANNE 1
LÉLIA — Métella — Melchior — Cora . 1
LUCREZIA FLORIANI — Lavinia . . . 1
LE MEUNIER D'ANGIBAULT 1
NARCISSE 1
LE PÉCHÉ DE M. ANTOINE 2
LE PICCININO 2
PROMENADES AUTOUR D'UN VILLAGE . 1
LE SECRÉTAIRE INTIME 1
SIMON 1
TEVERINO — Léone Léoni 1

JULES SANDEAU

	vol.
CATHERINE	1
NOUVELLES	1
SACS ET PARCHEMINS	1

EUGÈNE SCRIBE

THÉATRE	10
— COMÉDIES-VAUDEVILLES	8
— OPÉRAS	1
— OPÉRAS-COMIQUES	1

ALBÉRIC SECOND

CONTES SANS PRÉTENTION	1

FRÉDÉRIC SOULIÉ

AU JOUR LE JOUR	1
LES AVENTURES DE SATURNIN FICHET	2
LE BANANIER — EULALIE PONTOIS	1
LE CHATEAU DES PYRÉNÉES	2
LE COMTE DE FOIX	1
LE COMTE DE TOULOUSE	1
LA COMTESSE DE MONRION	1
CONFESSION GÉNÉRALE	2
LE CONSEILLER D'ÉTAT	1
CONTES ET RÉCITS DE MA GRAND'MÈRE	1
CONTES POUR LES ENFANTS	1
LES DEUX CADAVRES	1
DIANE ET LOUISE	1
LES DRAMES INCONNUS	5
— LA MAISON N° 3 DE LA RUE DE PROVENCE	1
— AVENTURES D'UN CADET DE FAMILLE	1
— LES AMOURS DE VICTOR BONSENNE	1
— OLIVIER DUHAMEL	2
UN ÉTÉ A MEUDON	1
LES FORGERONS	1
HUIT JOURS AU CHATEAU	1
LE LION AMOUREUX	1
LA LIONNE	1
LE MAGNÉTISEUR	1
LE MAITRE D'ÉCOLE	1
UN MALHEUR COMPLET	1
MARGUERITE	1
LES MÉMOIRES DU DIABLE	3
LE PORT DE CRÉTEIL	1
LES PRÉTENDUS	1
LES QUATRE ÉPOQUES	1
LES QUATRE NAPOLITAINES	2
LES QUATRE SŒURS	1
UN RÊVE D'AMOUR — LA CHAMBRIÈRE	1
SATHANIEL	1
SI JEUNESSE SAVAIT, SI VIEILLESSE POUVAIT	2
LE VICOMTE DE BÉZIERS	1

ÉMILE SOUVESTRE

LES ANGES DU FOYER	1
AU BORD DU LAC	1
AU BOUT DU MONDE	1
AU COIN DU FEU	1
CAUSERIES HISTORIQUES ET LITTÉRAIRES	1
CHRONIQUES DE LA MER	1

ÉMILE SOUVESTRE (Suite)

	vol.
LES CLAIRIÈRES	1
CONFESSIONS D'UN OUVRIER	1
CONTES ET NOUVELLES	1
DANS LA PRAIRIE	2
LES DERNIERS BRETONS	1
LES DERNIERS PAYSANS	1
DEUX MISÈRES	1
LES DRAMES PARISIENS	1
L'ÉCHELLE DE FEMMES	1
EN BRETAGNE	1
EN FAMILLE	1
EN QUARANTAINE	2
LE FOYER BRETON	1
LA GOUTTE D'EAU	1
HISTOIRES D'AUTREFOIS	1
L'HOMME ET L'ARGENT	1
LOIS DU PAYS	1
LA LUNE DE MIEL	1
LA MAISON ROUGE	1
LE MARI DE LA FERMIÈRE	1
LE MAT DE COCAGNE	1
LE MÉMORIAL DE FAMILLE	1
LE MENDIANT DE SAINT-ROCH	1
LE MONDE TEL QU'IL SERA	1
LE PASTEUR D'HOMMES	1
LES PÉCHÉS DE JEUNESSE	1
PENDANT LA MOISSON	1
UN PHILOSOPHE SOUS LES TOITS	1
PIERRE ET JEAN	1
PROMENADES MATINALES	1
RÉCITS ET SOUVENIRS	2
LES RÉPROUVÉS ET LES ÉLUS	1
RICHE ET PAUVRE	2
LE ROI DU MONDE	1
SCÈNES DE LA CHOUANNERIE	1
SCÈNES DE LA VIE INTIME	1
SCÈNES ET RÉCITS DES ALPES	1
LES SOIRÉES DE MEUDON	1
SOUS LA TONNELLE	1
SOUS LES FILETS	1
SOUS LES OMBRAGES	1
SOUVENIRS D'UN BAS-BRETON	2
SOUV. D'UN VIEILLARD. La dernière étape	1
SUR LA PELOUSE	1
THÉATRE DE LA JEUNESSE	1
TROIS FEMMES	1
TROIS MOIS DE VACANCES	1
LA VALISE NOIRE	1

MARIE SOUVESTRE

PAUL FERROLL, traduit de l'anglais	1

DANIEL STAUBEN

SCÈNES DE LA VIE JUIVE EN ALSACE	1

DE STENDHAL (H. BEYLE)

DE L'AMOUR	1
LA CHARTREUSE DE PARME	1
CHRONIQUES ET NOUVELLES	1
PROMENADES DANS ROME	2
LE ROUGE ET LE NOIR	1

COLLECTION MICHEL LÉVY. — 1 FR. LE VOLUME.

DANIEL STERN
	vol.
NÉLIDA.	1

STERNE (Trad. N. Fournier)
VOYAGE SENTIMENTAL, avec Notice de Walter-Scott.	1

EUGÈNE SUE
LA BONNE AVENTURE.	2
LE DIABLE MÉDECIN.	3
— ADÈLE VERNEUIL.	1
— CLÉMENCE HERVÉ.	1
— LA GRANDE DAME.	1
LES FILS DE FAMILLE.	3
GILBERT ET GILBERTE.	3
LES SECRETS DE L'OREILLER.	3
LES SEPT PÉCHÉS CAPITAUX.	6
— L'ORGUEIL.	2
— L'ENVIE — LA COLÈRE.	2
— LA LUXURE — LA PARESSE.	1
— L'AVARICE — LA GOURMANDISE.	1

Mme DE SURVILLE née de BALZAC
BALZAC, SA VIE ET SES ŒUVRES.	1

E. TEXIER
AMOUR ET FINANCE.	1

WILLIAM THACKERAY (Tr. W. Hughes)
LES MÉMOIRES D'UN VALET DE PIED.	1

LOUIS ULBACH
SUZANNE DUCHEMIN.	1
LA VOIX DU SANG.	1

OSCAR DE VALLÉE
	vol.
LES MANIEURS D'ARGENT.	1

VALOIS DE FORVILLE
LE COMTE DE SAINT-POL.	1
LE CONSCRIT DE L'AN VIII.	1
LE MARQUIS DE PASAVAL.	1

MAX. VALREY
LES FILLES SANS DOT.	1
MARTHE DE MONTBRUN.	1

V. VERNEUIL
MES AVENTURES AU SÉNÉGAL.	1

LE DOCTEUR L. VÉRON
MÉMOIRES D'UN BOURGEOIS DE PARIS.	5

L. VITET
LES ÉTATS D'ORLÉANS.	1

ALFRED DE VIGNY
LAURETTE OU LE CACHET ROUGE.	1
LA VEILLÉE DE VINCENNES.	1
VIE ET MORT DU CAPITAINE RENAUD.	1

CHARLES VINCENT ET DAVID
LE TUEUR DE BRIGANDS.	1

JULES DE WAILLY FILS
SCÈNES DE LA VIE DE FAMILLE.	1

FRANCIS WEY
LES ANGLAIS CHEZ EUX.	1
LONDRES IL Y A CENT ANS.	1

E. YEMENIZ
LA GRÈCE MODERNE.	1

COLLECTION A 50 CENTIMES

Jolis volumes format grand in-32, sur beau papier

UN ASTROLOGUE
	vol.
LA COMÈTE ET LE CROISSANT. Présages et prophéties sur la Guerre d'Orient.	1

GUSTAVE CLAUDIN
PALSAMBLEU!	1

Mme LOUISE COLET
QUATRE POÈMES couronnés par l'Académie.	1

ALEXANDRE DUMAS
LA JEUNESSE DE PIERROT. Conte de fée.	1
MARIE DORVAL.	1

HENRY DE LA MADELÈNE
GERMAIN BARBE-BLEUE.	1

LÉON PAILLET
	vol.
VOLEURS ET VOLÉS.	1

J. PETIT-SENN
BLUETTES ET BOUTADES.	1

NESTOR ROQUEPLAN
LES COULISSES DE L'OPÉRA.	1

AURÉLIEN SCHOLL
CLAUDE LE BORGNE.	1

EDMOND TEXIER
UNE HISTOIRE D'HIER.	1

H. DE VILLEMESSANT
LES CANCANS.	1

COLLECTION FORMAT IN-32

1 FRANC LE VOLUME

Jolis volumes papier vélin

ÉMILE AUGIER — vol.
LES PARIÉTAIRES. Poésies. 1
***
LES ZOUAVES ET LES CHASSEURS A PIED. 1
BAISSAC
LES FEMMES DANS LES TEMPS MODERNES. 1
H. DE BALZAC
LES FEMMES. 1
THÉODORE DE BANVILLE
LES PAUVRES SALTIMBANQUES. 1
LA VIE D'UNE COMÉDIENNE. 1
A. DE BELLOY
PHYSIONOMIES CONTEMPORAINES. . . . 1
PORTRAITS ET SOUVENIRS 1
ARNOUL ET FOURNIER
STRATENSÉE OU LE FAVORI DE LA REINE. 1
ALFRED BOUGEARD
LES MORALISTES OUBLIÉS. 1
ALFRED DE BRÉHAT
LE CHATEAU DE KERMARIA. 1
SÉRAPHINE DARISPE 1
ÉMILE DESCHANEL
LE BIEN et LE MAL qu'on a dit des enfants. 1
HISTOIRE DE LA CONVERSATION. . . . 1
LE MAL QU'ON A DIT DE L'AMOUR. . . 1
XAVIER EYMA
EXCENTRICITÉS AMÉRICAINES 1
OL. GOLDSMITH Trad. Alph. Esquiros
VOYAGE D'UN CHINOIS EN ANGLETERRE. 1
LÉON GOZLAN
BALZAC EN PANTOUFLES 1
LES MAITRESSES A PARIS 1
UNE SOIRÉE DANS L'AUTRE MONDE . . . 1
LE COMTE F. DE GRAMMONT
COMMENT ON VIENT et COMMENT ON S'EN VA 1
CHARLES JOLIET
L'ESPRIT DE DIDEROT. 1
LAURENT JAN
MISANTHROPIE SANS REPENTIR 1
E. DE LA BÉDOLLIÈRE
HISTOIRE DE LA MODE EN FRANCE . . . 1
A. DE LAMARTINE
GRAZIELLA. 1
LES VISIONS. 1

LARCHER ET JULIEN — vol.
CE QU'ON A DIT DE LA FIDÉLITÉ et de L'INFIDÉLITÉ 1
ALBERT DE LASALLE
HISTOIRE DES BOUFFES-PARISIENS. . . 1
ALFRED DE LÉRIS
MES VIEUX AMIS. 1
TROIS NOUVELLES ET UN CONTE. . . . 1
ALBERT LHERMITE
UN SCEPTIQUE S'IL VOUS PLAIT. . . . 1
Mme MANNOURY-LACOUR
ASPHODÈLES. 1
SOLITUDES. 2e édition 1
MÉRY
LES AMANTS DU VÉSUVE. 1
ANGLAIS ET CHINOIS. 1
HISTOIRE D'UNE COLLINE. 1
MICHELET
POLOGNE ET RUSSIE. 1
HENRY MONNIER
LES PETITES GENS. 1
CHARLES MONSELET
LA CUISINIÈRE POÉTIQUE. 1
HENRY MURGER
BALLADES ET FANTAISIES. 1
PROPOS DE VILLE ET PROPOS DE THÉATRE. 1
EUGÈNE NOEL
RABELAIS. 1
LA VIE DES FLEURS ET DES FRUITS . . 1
F. PONSARD
HOMÈRE. Poème 1
LOUIS RATISBONNE
AU PRINTEMPS DE LA VIE 1
JULES SANDEAU
OLIVIER 1
***
PARIS CHEZ SUSARD. 1
P. J. STAHL
LES BIJOUX PARLANTS. 1
L'ESPRIT DE VOLTAIRE. 1
HIST. D'UN PRINCE ET D'UNE PRINCESSE. 1
LOUIS ULBACH
L'HOMME AUX CINQ LOUIS D'OR 2
LE DOCTEUR YVAN
GASTON. UN COIN DU CÉLESTE-EMPIRE. 1

MUSÉE LITTÉRAIRE CONTEMPORAIN
CHOIX DES MEILLEURS OUVRAGES DES AUTEURS MODERNES
10 Centimes la Livraison — Format in-4° à 2 colonnes

ROGER DE BEAUVOIR   f. c.
LE CHEVALIER DE SAINT-GEORGES — » 90
LE CHEVALIER DE CHARNY . . . — » 90

CHARLES DE BERNARD
UN ACTE DE VERTU . . . . . — » 50
L'ANNEAU D'ARGENT. . . . . — » 50
UNE AVENTURE DE MAGISTRAT. — » 30
LA CINQUANTAINE. . . . . . — » 50
LA FEMME DE QUARANTE ANS. — » 50
LE GENDRE . . . . — » 50
L'INNOCENCE D'UN FORÇAT . . — » 30
LA PEINE DU TALION . . . . — » 30
LE PERSÉCUTEUR. . . . . . — » 30

CHAMPFLEURY
LES GRANDS HOMMES DU
RUISSEAU . . . . — » 60

LA COMTESSE DASH
LES GALANTERIES DE LA COUR
DE LOUIS XV. . . . . . . — 3 »
— LA RÉGENCE . . . . . . — » 90
— LA JEUNESSE DE LOUIS XV. — » 90
— LES MAÎTRESSES DU ROI. . — » 90
— LE PARC AUX CERFS . . . — » 90

ALEXANDRE DUMAS
ACTÉ . . . . — » 90
AMAURY. . . . . — » 90
ANGE PITOU . . . . — 1 80
ASCANIO. . . . . — 1 50
AVENTURES DE JOHN DAVYS . — 1 80
LES BALEINIERS. . . . . . — 1 30
LE BATARD DE MAULÉON . . — 2 »
BLACK. . . . . — » 90
LA BOULE DE NEIGE. . . . . — » 90
BRIC-A-BRAC . . . . — 1 30
LE CAPITAINE PAUL . . . . — » 70
LE CAPITAINE RICHARD . . . — » 90
CATHERINE BLUM. . . . . . — » 70
CAUSERIES — LES TROIS DAMES. — 1 30
CÉCILE . . . . — » 90
CHARLES LE TÉMÉRAIRE . . . — 1 30

ALEXANDRE DUMAS (Suite)   f. c.
LE CHATEAU D'EPPSTEIN . . . — 1 50
LE CHEVALIER D'HARMENTAL. — 1 50
LE CHEV. DE MAISON ROUGE. . — 1 50
LE COLLIER DE LA REINE . . — 2 50
LA COLOMBE — MURAT. . . . — » 50
LES COMPAGNONS DE JÉHU . . — 2 10
LE COMTE DE MONTE-CRISTO . — 4 »
LA COMTESSE DE CHARNY. . . — 4 50
LA COMTESSE DE SALISBURY . — 1 50
LES CONFESSIONS DE LA MARQUISE — 1 70
CONSCIENCE L'INNOCENT. . . — 1 30
LA DAME DE MONSOREAU . . — 2 50
LA DAME DE VOLUPTÉ. . . . — 1 30
LES DEUX DIANE. . . . . . — 2 20
LES DEUX REINES. . . . . — 1 50
DIEU DISPOSE . . . . . . — 1 80
LES DRAMES DE LA MER . . . — » 70
LA FEMME AU COLLIER DE VE-
LOURS . . . . — » 70
FERNANDE. . . . . — » 90
UNE FILLE DU RÉGENT. . . . — » 90
LES FRÈRES CORSES . . . . — » 60
GABRIEL LAMBERT . . . . . — » 90
GAULE ET FRANCE. . . . . — » 90
UN GIL-BLAS EN CALIFORNIE. — » 70
GEORGES . . . . — » 90
LA GUERRE DES FEMMES . . . — 1 65
HISTOIRE D'UN CASSE-NOISETTE. — » 50
L'HOROSCOPE. . . . . . . — » 90
IMPRESSIONS DE VOYAGE:
UNE ANNÉE A FLORENCE . . — » 90
L'ARABIE HEUREUSE . . . — 2 10
LES BORDS DU RHIN. . . . — 1 30
LE CAPITAINE ARÉNA . . . — » 90
LE CORRICOLO . . . . . — 1 65
DE PARIS A CADIX . . . . — 1 65
EN SUISSE. . . . . . . — 2 20
LE MIDI DE LA FRANCE . . — 1 30
QUINZE JOURS AU SINAÏ . . — » 90
LE SPÉRONARE . . . . . — 1 50
LE VÉLOCE . . . . . . — 1 65
LA VILLA PALMIERI . . . — » 90
INGÉNUE. . . . . — 1 80
ISABEL DE BAVIÈRE . . . . — 1 30

ALEXANDRE DUMAS (Suite)

	f. c.
ITALIENS ET FLAMANDS	— 1 50
IVANHOE de Walter Scott	— 1 70
JEHANNE LA PUCELLE	— » 90
LES LOUVES DE MACHECOUL	— 2 50
MADAME DE CHAMBLAY	— 1 50
LA MAISON DE GLACE	— 1 50
LE MAITRE D'ARMES	— » 90
LES MARIAGES DU PÈRE OLIFUS	— » 70
LES MÉDICIS	— » 70
MES MÉMOIRES. (Complet)	— 8 »
— 1re série. (Séparément)	— 3 60
— 2e série. (—)	— 4 50
MÉM. DE GARIBALDI. (Complet)	— 1 30
— 1re série. (Séparément)	— » 70
— 2e série. (—)	— » 70
MÉMOIRES D'UNE AVEUGLE	— 1 70
MÉM. D'UN MÉDECIN — BALSAMO	— 4 »
LE MENEUR DE LOUPS	— » 90
LES MILLE ET UN FANTÔMES	— » 70
LES MOHICANS DE PARIS	— 3 60
LES MORTS VONT VITE	— 1 50
NOUVELLES	— » 50
UNE NUIT A FLORENCE	— » 70
OLYMPE DE CLÈVES	— 2 60
OTHON L'ARCHER	— » 50
LE PAGE DU DUC DE SAVOIE	— 1 70
PASCAL BRUNO	— » 50
LE PASTEUR D'ASHBOURN	— 1 80
PAULINE	— » 50
LA PÊCHE AUX FILETS	— » 50
LE PÈRE GIGOGNE	— 1 50
LE PÈRE LA RUINE	— » 90
LA PRINCESSE FLORA	— » 70
LES QUARANTE-CINQ	— 2 50
LA REINE MARGOT	— 1 65
LA ROUTE DE VARENNES	— » 70
LE SALTÉADOR	— » 70
SALVATOR	— 4 »
SOUVENIRS D'ANTONY	— » 90
SYLVANDIRE	— » 90
LE TESTAMENT DE M. CHAUVELIN	— » 70
LES TROIS MOUSQUETAIRES	— 1 65
LE TROU DE L'ENFER	— » 90
LA TULIPE NOIRE	— » 90
LE VICOMTE DE BRAGELONNE	— 4 75
LA VIE AU DÉSERT	— 1 30
UNE VIE D'ARTISTE	— » 70
VINGT ANS APRÈS	— 2 20

ALEXANDRE DUMAS FILS

	f. c.
CÉSARINE	— » 50
LA DAME AUX CAMÉLIAS	— » 90
UN PAQUET DE LETTRES	— » 50
LE PRIX DE PIGEONS	— » 50

XAVIER EYMA

LES FEMMES DU NOUVEAU-MONDE	— » 90

PAUL FÉVAL

LES AMOURS DE PARIS	— 1 30
LE BOSSU OU LE PETIT PARISIEN	— 2 50
LE FILS DU DIABLE	— 3 »
LE TUEUR DE TIGRES	— » 70

CHARLES HUGO

LA BOHÈME DORÉE	— 1 50

CH. JOBEY

L'AMOUR D'UN NÈGRE	— » 90

ALPHONSE KARR

FORT EN THÈME	— » 70
LA PÉNÉLOPE NORMANDE	— » 90
SOUS LES TILLEULS	— » 90

A. DE LAMARTINE

LES CONFIDENCES	— » 90
L'ENFANCE	— » 50
GENEVIÈVE. Hist. d'une Servante	— » 70
GRAZIELLA	— » 60
LA JEUNESSE	— » 60
RÉGINA	— » 50

FÉLIX MAYNARD

L'INSURRECTION DE L'INDE. De Delhi à Cawnpore	— » 70

MÉRY

UN ACTE DE DÉSESPOIR	— » 50
LE BONHEUR D'UN MILLIONNAIRE	— » 50
LE CHATEAU DES TROIS TOURS	— » 70
LE CHATEAU D'UDOLPHE	— » 50
UNE CONSPIRATION AU LOUVRE	— » 70
LE DIAMANT A MILLE FACETTES	— » 60
HISTOIRE DE CE QUI N'EST PAS ARRIVÉ	— » 50
LES NUITS ANGLAISES	— » 90
LES NUITS ITALIENNES	— » 90
SIMPLE HISTOIRE	— » 70

MUSÉE LITTÉRAIRE CONTEMPORAIN. — FORMAT IN-4° 33

EUGÈNE DE MIRECOURT

	f. c.
LES CONFESSIONS DE NINON DE LENCLOS. . . . . —	3 70

HENRY MURGER

LES AMOURS D'OLIVIER. . . . —	» 30
LE BONHOMME JADIS. . . . . —	» 30
MADAME OLYMPE. . . . . . —	» 50
LA MAITRESSE AUX MAINS ROUGES —	» 30
LE MANCHON DE FRANCINE. . . —	» 30
SCÈNES DE LA VIE DE BOHÊME. . —	» 90
LE SOUPER DES FUNÉRAILLES. . —	» 50

GEORGE SAND

ADRIANI. . . . . —	» 90
LA DANIELLA . . . . —	1 80
LE DIABLE AUX CHAMPS. . . . —	» 90
ELLE ET LUI. . . . . —	» 90
LA FILLEULE. . . . . —	» 90
L'HOMME DE NEIGE. . . . . —	2 20
JEAN DE LA ROCHE . . . . . —	1 30
LES MAÎTRES SONNEURS. . . . —	1 10
LE MARQUIS DE VILLEMER. . . —	1 30
MONT-REVÊCHE. . . . . . . —	1 30
NARCISSE . . . . —	» 90

JULES SANDEAU

SACS ET PARCHEMINS. . . . . —	» 90

SCRIBE

PROVERBES. . . . . —	» 70

FRÉDÉRIC SOULIÉ

AU JOUR LE JOUR. . . . . . —	» 70
AVENT. DE SATURNIN FICHET. —	1 30
LE BANANIER. . . . . —	» 50
LA COMTESSE DE MONRION. . . —	» 70
CONFESSION GÉNÉRALE. . . . —	1 50
LES DEUX CADAVRES. . . . . —	» 70
LES DRAMES INCONNUS. . . . —	2 50
— LA MAISON N° 3, RUE DE PROVENCE. . . . . —	» 70
— LES AVENTURES D'UN CADET DE FAMILLE . . . . . . —	» 70
— LES AMOURS DE VICTOR BOXSENER . . . . —	» 70
— OLIVIER DUHAMEL. . . . . —	» 70

FRÉDÉRIC SOULIÉ (Suite)

	f. c.
EULALIE PONTOIS. . . . . . —	» 30
LES FORGERONS. . . . . . . —	» 50
HUIT JOURS AU CHATEAU. . . —	» 70
LE LION AMOUREUX. . . . . —	» 30
LA LIONNE. . . . . —	» 70
LE MAITRE D'ÉCOLE. . . . . —	» 30
MARGUERITE . . . . —	» 50
LES MÉMOIRES DU DIABLE. . . —	2 »
LE PORT DE CRÉTEIL. . . . . —	» 70
LES QUATRE NAPOLITAINES. . . —	1 50
LES QUATRE SŒURS. . . . . —	» 50
SI JEUNESSE SAVAIT, SI VIEILLESSE POUVAIT. . . . . —	1 50

ÉMILE SOUVESTRE

DEUX MISÈRES. . . . . . . —	» 90
L'HOMME ET L'ARGENT. . . . —	» 70
JEAN PLUREAU. . . . . . . —	» 50
LE MENDIANT DE SAINT-ROCH. —	» 70
PIERRE LANDAIS . . . . . . —	» 50
LES RÉPROUVÉS ET LES ÉLUS. —	1 50
SOUVENIRS D'UN BAS-BRETON. . —	1 50

EUGÈNE SUE

LA BONNE AVENTURE. . . . . —	1 50
LE DIABLE MÉDECIN. . . . . —	2 70
— LA FEMME SÉPARÉE DE CORPS ET DE BIENS . . . . . —	» 50
— LA GRANDE DAME. . . . . —	» 50
— LA LORETTE . . . . . . —	» 30
— LA FEMME DE LETTRES . . —	» 90
— LA BELLE FILLE . . . . . —	» 50
LES FILS DE FAMILLE. . . . —	2 70
GILBERT ET GILBERTE. . . . —	2 70
LES MÉMOIRES D'UN MARI. . . —	2 70
— UN MARIAGE DE CONVENANCES. —	1 50
— UN MARIAGE D'ARGENT . . —	» 90
— UN MARIAGE D'INCLINATION. —	» 50
LES SECRETS DE L'OREILLER. —	2 20
LES SEPT PÉCHÉS CAPITAUX. . —	5 »
— L'ORGUEIL . . . . —	1 50
— L'ENVIE. . . . . —	» 90
— LA COLÈRE. . . . . . . —	» 70
— LA LUXURE . . . . . . —	» 70
— LA PARESSE . . . . . . —	» 50
— L'AVARICE . . . . —	» 50
— LA GOURMANDISE . . . . —	» 50

VALOIS DE FORVILLE

LE CONSCRIT DE L'AN VIII. . . —	» 90

BROCHURES DIVERSES

ÉMILE AUGIER — f. c.
DISCOURS DE RÉCEPTION À L'ACADÉMIE FRANÇAISE............ 1 »

***
LA QUESTION ALGÉRIENNE à propos de la lettre adressée par l'Empereur au maréchal de Mac-Mahon..... 1 »

LOUIS BLANC
LA RÉVOLUTION DE FÉVRIER AU LUXEMBOURG................

BLANQUI et ÉMILE DE GIRARDIN
DE LA LIBERTÉ DU COMMERCE ET DE LA PROTECTION DE L'INDUSTRIE.. 2 »

H. BLAZE DE BURY
M. LE COMTE DE CHAMBORD — UN MOIS À VENISE................ 1 »

BONNAL
ABOLITION DU PROLÉTARIAT........ 1 »
LA FORCE ET L'IDÉE............. 1 »

G. BOULLAY
RÉORGANISATION ADMINISTRATIVE... 1 »

CHAMPFLEURY
RICHARD WAGNER................ » 50

RENÉ CLÉMENT
ÉTUDE SUR LE THÉÂTRE ANTIQUE... 1 »

ATHANASE COQUEREL FILS
LE BON SAMARITAIN, sermon prêché en 1864, dans les églises de Lusignan et de Reims............. » 50
LE CATHOLICISME ET LE PROTESTANTISME considérés dans leur origine et leur développement........ 1 »
LES CHOSES ANCIENNES ET LES CHOSES NOUVELLES, sermon prononcé en 1864, dans les églises de Poitiers, Reims, Nîmes, Montpellier, Montauban et Lyon............... » 50
L'ÉGOÏSME DEVANT LA CROIX, sermon sur Luc, prêché dans les églises de Vauvert, Anduze, Sommières, Uzès et Clairac.............. » 80
PROFESSION DE FOI CHRÉTIENNE.... » 50
LA SCIENCE ET LA RELIGION, sermon prêché en 1864, dans les églises de Nîmes et de Dieppe........ » 50
SERMON D'ADIEU prêché dans l'église de l'Oratoire................ » 50

L. COUTURE
DU BONAPARTISME DANS L'HISTOIRE DE FRANCE..................... 1 »
DU GOUVERNEMENT HÉRÉDITAIRE EN FRANCE..................... 1 50

UN CURÉ
À NOTRE SAINT-PÈRE LE PAPE..... 1 »

CHARLES DIDIER
QUESTION SICILIENNE............ 1 »
UNE VISITE AU DUC DE BORDEAUX... 1 »

ERNEST DESJARDINS
NOTICE SUR LE MUSÉE NAPOLÉON III et promenade dans les galeries. » 50

DUFAURE
DU DROIT AU TRAVAIL........... » 70

ALEXANDRE DUMAS — f. c.
RÉVÉLATIONS SUR L'ARRESTATION D'ÉMILE THOMAS................. » 50

ADRIEN DUMONT
LES PRINCIPES DE 1789.......... 1 »

LÉON FAUCHER
LE CRÉDIT FONCIER............. » 30

OCTAVE FEUILLET
DISCOURS DE RÉCEPTION À L'ACADÉMIE FRANÇAISE............ 1 »

LE MARQUIS DE GABRIAC
DE L'ORIGINE DE LA GUERRE D'ITALIE. 1 »

ÉMILE DE GIRARDIN
L'ABOLITION DE L'AUTORITÉ...... 1 »
ABOLITION DE L'ESCLAVAGE MILITAIRE. 1 »
AVANT LA CONSTITUTION.......... » 50
LA CONSTITUANTE ET LA LÉGISLATIVE. 1 »
LE DROIT DE TOUT DIRE.......... 1 »
L'ÉQUILIBRE FINANCIER PAR LA RÉFORME ADMINISTRATIVE......... 1 »
L'EXPROPRIATION ABOLIE PAR LA DETTE FONCIÈRE CONSOLIDÉE......... 2 »
LE GOUVERNEMENT LE PLUS SIMPLE. 1 »
JOURNAL D'UN JOURNALISTE AU SECRET. 1 »
LA NOTE DU XIV DÉCEMBRE........ 1 »
L'ORNIÈRE DES RÉVOLUTIONS...... 1 »
LA PAIX. 2e édition............. 1 »
RESPECT DE LA CONSTITUTION...... 1 »
LE SOCIALISME ET L'IMPÔT....... 1 »
SOLUTION DE LA QUESTION D'ORIENT. 2 50

GLADSTONE
DEUX LETTRES au lord Aberdeen sur les poursuites politiques exercées par le gouvernement napolitain...................... 1 »

JULES GOUACHE
LES VIOLONS DE M. MARRAST...... » 50

LE COMTE D'HAUSSONVILLE
CONSULTATION DE MM. LES BATONNIERS DE L'ORDRE DES AVOCATS.. 1 »
LETTRE AUX BATONNIERS DE L'ORDRE DES AVOCATS................. 1 »
M. DE CAVOUR ET LA CRISE ITALIENNE. 1 »

LÉON HEUZEY
CATALOGUE DE LA MISSION DE MACÉDOINE ET DE THESSALIE........ » 50

VICTOR HUGO ET CRÉMIEUX
DISCOURS SUR LA PEINE DE MORT (Procès de l'Événement)............ 1 »

LOUIS JOURDAN
LA GUERRE À L'ANGLAIS. 2e édit. 1 »

LAMARTINE
DU DROIT AU TRAVAIL............ » 30
LETTRE AUX DIX DÉPARTEMENTS.... » 30
LA PRÉSIDENCE................. » 30
DU PROJET DE CONSTITUTION...... » 30
UNE SEULE CHAMBRE.............. » 30

ÉDOUARD LEMOINE
ABDICATION DU ROI LOUIS-PHILIPPE. » 50

JOHN LEMOINNE
AFFAIRES DE ROME............... 1 »

BROCHURES DIVERSES.

A. LEYMARIE
HISTOIRE D'UNE DEMANDE EN AUTORISATION DE JOURNAL. — Simple question de propriété............ 2 »

ÉTIENNE MAURICE
DÉCENTRALISATION ET DÉCENTRALISATEURS............ 1 »

LE COMTE DE MONTALIVET
OBSERVATIONS SUR LE PROJET DE LOI RELATIF AUX CONSEILS-GÉNÉRAUX. 1 »
LE ROI LOUIS-PHILIPPE ET SA LISTE CIVILE............ » 50

LE BARON DE NERVO
L'ADMINISTRATION DES FINANCES SOUS LA RESTAURATION............ 1 »
LES FINANCES DE LA FRANCE SOUS LE RÈGNE DE NAPOLÉON III............ 1 »

D. NISARD
LES CLASSES MOYENNES EN ANGLETERRE ET LA BOURGEOISIE EN FRANCE............ 1 »
DISCOURS PRONONCÉ A L'ACADÉMIE FRANÇAISE en réponse au discours de réception de M. Ponsard.... 1 »

UN PAYSAN CHAMPENOIS.
A TIMON SUR son projet de Constitution............ » 50

CASIMIR PERIER
LE BUDGET DE 1863............ 1 »
LA RÉFORME FINANCIÈRE DE 1863.. 1 »

GEORGES PERROT
CATALOGUE DE LA MISSION D'ASIE-MINEURE............ » 50

ANSELME PETETIN
DE L'ANNEXION DE LA SAVOIE. 2 éd, 1 »

M. PLANAVERGNE
NOUVEAU SYSTÈME DE NAVIGATION, fondé sur le principe de l'émergence des corps roulants sur l'eau 1 50

A. PONROY
LE MARÉCHAL BUGEAUD............ 1 »

F. PONSARD
DISCOURS DE RÉCEPTION A L'ACADÉMIE FRANÇAISE............ 1 »

PRÉVOST-PARADOL
LES ÉLECTIONS DE 1863............ 1 »
DU GOUVERNEMENT PARLEMENTAIRE ET DU DÉCRET DU 24 NOVEMBRE... 1 »
DE LA LIBERTÉ DES CULTES EN FRANCE. 1 »
DEUX LETTRES SUR LA RÉFORME DU CODE PÉNAL............ 1 »
QUELQUES RÉFLEXIONS SUR NOTRE SITUATION INTÉRIEURE............ » 50

ESPRIT PRIVAT
LE DOIGT DE DIEU............ 1 »

ERNEST RENAN
CATALOGUE DES OBJETS PROVENANT DE LA MISSION DE PHÉNICIE............ » 50
LA PART DE LA FAMILLE ET DE L'ÉTAT DANS L'ÉDUCATION............ » 50

SAINTE-BEUVE
A PROPOS DES BIBLIOTHÈQ. POPULAIRES » 50
DE LA LIBERTÉ DE L'ENSEIGNEMENT SUPÉRIEUR............ » 50
DE LA LOI SUR LA PRESSE............ » 50

SAINT-MARC GIRARDIN
DU DÉCRET DU 24 NOVEMBRE ou de la réforme de la Constitution de 1852............ 1 »

GEORGE SAND
LA GUERRE............ 1 »

G. SAND ET V. BORIE
TRAVAILLEURS ET PROPRIÉTAIRES... 1 »

THIERS
DU CRÉDIT FONCIER............ » 30
LE DROIT AU TRAVAIL............ » 50

LES FIGURES DU TEMPS

NOTICES BIOGRAPHIQUES

Par LEMERCIER DE NEUVILLE. Brochures grand in-18, avec des Photographies
DE PIERRE PETIT

M⁻ᵉ RISTORI..... 2 fr. | ROBERT HOUDIN 1 fr.
GUSTAVE DORÉ   2 fr. | M⁻ᵉ PETIPA.......... 1 fr.

OUVRAGES DIVERS ILLUSTRÉS

L'UNIVERS ILLUSTRÉ
JOURNAL PARAISSANT LE SAMEDI

Chaque numéro contient 16 pages format in-folio (8 de texte et 8 de gravures
PRIX : 30 CENTIMES LE NUMÉRO
ABONNEMENT : UN AN, 20 FR. — SIX MOIS, 10 FR.
— *Pour plus de détails, demander le prospectus* —

LE JOURNAL DU DIMANCHE
LITTÉRATURE — HISTOIRE — VOYAGES — MUSIQUE
23 vol. sont en vente. Chaque vol. format in-8, orné de 104 gravures. Prix : 3 fr.

LE JOURNAL DU JEUDI
LITTÉRATURE — HISTOIRE — VOYAGES
18 vol. sont en vente. Chaque vol. format in-8, orné de 104 gravures. Prix : 3 fr.

LES BONS ROMANS
CHEFS-D'ŒUVRE DE LA LITTÉRATURE CONTEMPORAINE

Par VICTOR HUGO, ALEXANDRE DUMAS, GEORGE SAND, LAMARTINE, ALFRED DE MUSSET, EUGÈNE SUE, FRÉDÉRIC SOULIÉ, ALPHONSE KARR, CH. DE BERNARD, ALEX. DUMAS FILS, HENRY MURGER, HENRI CONSCIENCE, PAUL FÉVAL, ÉMILE SOUVESTRE, ETC., ETC.

18 vol. sont en vente. Chaque volume, format in-8, orné de 104 gravures. Prix : 3 fr

DICTIONNAIRE DES NOMS PROPRES
OU ENCYCLOPÉDIE ILLUSTRÉE
DE BIOGRAPHIE, DE GÉOGRAPHIE, D'HISTOIRE ET DE MYTHOLOGIE
Par B. Dupiney de Vorepierre

L'ouvrage, imprimé sur papier de luxe et avec des caractères neufs, formera deux volumes grand in-8, publiés en 150 livraisons, et sera enrichi
DE 400 CARTES OU PLANS, DE 2000 PORTRAITS ET DE 2000 GRAVURES
Représentant des vues de villes, monuments ou sites remarquables, des types de races, etc.

50 centimes la livraison. — Chaque livraison se compose de deux feuilles de texte et contient presque la matière d'un volume in-8°

DICTIONNAIRE FRANÇAIS ILLUSTRÉ
ET ENCYCLOPÉDIE UNIVERSELLE

Ouvrage qui peut tenir lieu de tous les vocabulaires et de toutes les encyclopédies
ENRICHI DE 20,000 FIG. GRAVÉES SUR CUIVRE PAR LES MEILLEURS ARTISTES
Dirigé par M. Dupiney de Vorepierre
ET RÉDIGÉ PAR UNE SOCIÉTÉ DE SAVANTS ET DE GENS DE LETTRES

159 livraisons à 50 centimes. Chaque livraison est composée de deux feuilles de texte et contient la matière d'un volume in-8 ordinaire. L'ouvrage, composé en caractères entièrement neufs et imprimé sur papier de luxe, forme deux magnifiques volumes in-4................................ Prix, broché : 80 fr.
Demi-reliure chagrin, plats toile................ Prix.... 92 fr.

DICTIONNAIRE DE LA CONVERSATION
ET DE LA LECTURE
INVENTAIRE RAISONNÉ DES NOTIONS GÉNÉRALES LES PLUS INDISPENSABLES A TOUS
PAR
UNE SOCIÉTÉ DE SAVANTS ET DE GENS DE LETTRES
Deuxième Édition
Entièrement refondue, corrigée et augmentée de plusieurs milliers d'articles
Tous ces …
16 volumes grand in-8° : 200 francs

Imp. L. TOINON et Cie, Saint-Germain.

EN VENTE CHEZ LES MÊMES ÉDITEURS
PIÈCES DE THÉATRE, BELLE ÉDITION, FORMAT GRAND IN-18 ANGLAIS

Titre	Prix		Titre	Prix
Claudie, drame en 3 actes	1 »		Le comte Jacques, com. en 3 a. et en v.	2 »
Le Mariage de Victorine, com. en 3 a.	1 »		Geneviève de Brabant, op. bouffe en 3 a.	1 50
José Maria, opéra comique en 3 actes.	1 »		Un jour de déménagement, vaud. en 1 a.	1 »
Les Don Juan de village, com. en 3 actes.	2 »		Un voyage autour du demi-monde, v. 5 a.	1 50
Le Lis du Japon, comédie en 1 acte...	1 »		La Jolie fille de Perth, op. com. en 3 a.	1 »
Le Maître de la Maison, com. en 5 actes.	2 »		Didier, drame en 3 actes	50
L'Amour d'une ingénue, com. en 1 acte.	1 »		Paul Forestier, com. en 4 a. et en vers.	2 »
Le Sorcier, opéra comique en 1 acte....	1 »		Le Crime de Faverne, dr. en 5 actes..	2 »
Nos bons Villageois, com. en 5 actes.	2 »		Le Papa du prix d'honneur, com. en 4 a.	2 »
Les Amours de Paris, dr. en 5 actes.	2 »		Molière, drame en 5 actes	50
La Vipérine, opérette en 1 acte	1 »		Un Coup de bourse, com. en 5 actes..	2 »
La Conjuration d'Amboise, dr. en 5 a.	2 »		Comme elles sont toutes, com. en 1 a..	1 »
Grelin de Pigoche, opérette en 1 acte.	1 »		Hamlet, opéra en 5 actes	2 »
La Vie parisienne, pièce en 5 actes...	3 »		Un Baiser anonyme, com. en 1 a.	1 »
Les Deux Sourds, comédie en 1 acte...	1 »		Les Grandes demoiselles, com. en 1 a.	1 »
Les Chaînes de fleurs, com. en 1 acte...	1 »		L'élixir de Cornélius, opérette en 1 a..	1 »
Nos bonnes Villageoises, parod. 2 actes.	1 »		La Revanche d'Iris, com. en 1 a. en v..	1 »
Mignon, opéra comique en 3 actes.....	1 »		Nos Ancêtres, op. en 5 a. en vers.....	2 »
Le Freischutz, op. fant. en 3 actes....	1 »		Le Roi Lear, drame en 5 actes, en vers	2 »
Mauprat, drame en 5 actes..............	1 »		Le Régiment qui passe, comédie en 1 a.	1 »
Flaminio, comédie en 4 actes	2 »		Cent mille fr. et ma fille, vaud. en 1 a.	1 50
Les Thugs à Paris, revue en 3 actes....	1 50		Le Zouave est en bas! pochade en 1 a.	1 »
Les Trois Curiaces, com. en 1 acte...	1 »		Le Château à Toto, op. bouffe en 3 a.	2 »
Maison neuve, comédie en 5 actes.....	2 »		Le Pont des Soupirs, op bouffe en 4 a.	3 »
La Reine Cotillon, drame en 5 actes....	2 »		La Loterie du mariage, com. 2 a. en v.	1 50
La Duchesse de Montemayor, dr. en 5 a.	2 »		Le Coq de Micylle, com. en 2 a. en v..	1 50
Le Cas de Conscience, com. en 1 acte..	1 »		La Czarine, drame en 5 actes	2 »
Toby le Boiteux, drame en 5 actes.....	50		Les Orphelins de Venise, dr. en 5 a..	2 »
Les Légendes de Gavarni, pièce en 3 a.	1 50		L'abîme, drame en 5 actes	2 »
La Vie de Garnison, com.-vaud. en 2 a.	1 50		Les Amendes de Timothée, com. en 1 a.	1 »
Maxwell, drame en 5 actes	2 »		Une Journée de Diderot, com. en 1 a.	1 »
Le Royaume de la Bêtise, fant. en 4 a.	50		Garde-toi, je me garde, com. en 1 a.	1 »
Sardanapale, opéra en 3 actes	1 »		Agamemnon, tragédie en 5 actes	3 »
Les Brebis galeuses, com. en 4 actes..	2 »		La Bohème d'Argent, drame en 5 a....	2 »
Galilée, drame en 3 actes	1 »		Les Souliers de Bal, comédie en 1 acte.	1 »
Les Idées de Mme Aubray, com. en 4 a.	2 »		Les Maris sont esclaves, com. en 3 a...	1 50
Madame Patapon, comédie en 1 acte...	1 »		La Vie privée, vaudeville en 1 acte...	1 »
Roméo et Juliette, opéra de Gounod...	1 »		Fanny Lear, comédie en 5 actes	2 »
La Gr. Duch. de Gerolstein, op. bouffe 3 a.	2 »		Une Eclipse de lune, vaud. en 1 acte..	1 »
Il ne faut pas courir 2 liè. à la fois, prov.	1 »		Madame est couchée, com. en 1 acte..	1 »
Les Deux Jeunesses, com. en 2 actes...	1 50		Le Lys de la Vallée, com. en 3 actes..	1 50
Les Roses jaunes, comédie en 1 acte...	1 »		Indiana et Charlemagne, vaud. en 1 a	1 »
Le Père Gachette, drame en 5 actes..	2 »		Les Premières armes de Richelieu, c. 2 a	1 50
La Cravate blanche, com. en 1 acte...	1 »		Paris ventre à terre, com. fant. en 3 a.	2 »
Le Casseur de pierres, dr. en 5 actes..	50		A deux de jeu, comédie en 1 acte.....	50
La Puce à l'Oreille, com.-vaud. en 1 a.	1 »		Nos Enfants, drame en 5 actes	2 »
La Vertu de ma Femme, com. en 1 acte.	1 »		Les Croqueuses de pommes, opér. 5 a.	2 »
Tout pour les Dames, com. en 1 acte..	1 »		Cadio, drame en 5 actes	2 »
Albertine de Morris, com. en 3 actes...	1 50		La Périchole, opéra bouffe en 2 actes..	2 »
Les Bleuets, opéra com. en 3 actes....	1 »		Où l'on va, comédie en 3 actes	2 »
L'homme masqué et le Sanglier de Bougival, folie	1 »		Le Sacrilège, drame en 5 actes	2 »
Roman d'une honnête Femme, com. 3 a.	2 »		Le Bouquet, comédie en 1 acte	1 »
Robinson Crusoé, op. com. en 3 actes..	1 »		Suzanne et les deux vieillards, com. 1 a.	1 50
Miss Suzanne, comédie en 4 actes.....	2 »		Madame de Chamblay, drame en 5 a.	2 »
Le Frère aîné, drame en 4 actes	1 »		Le Drame de la rue de la Paix, dr. 5 a.	2 »
Madame Desroches, comédie en 4 actes.	1 »		Le Monde où l'on s'amuse, com. 1 a...	1 »
			L'Enfant prodigue, com. en 4 actes...	2 »

POISSY. — TYP. ARBIEU, LEJAY ET CIE.

Contraste insuffisant

NF Z 43-120-14

www.ingramcontent.com/pod-product-compliance
Lightning Source LLC
Chambersburg PA
CBHW060518050426
42451CB00009B/1041